KB220451

예배와 삶의 일치

입술의 열매 1

입술의 열매 1

꿈이 많은 사람 지음

비전북출판사

예배와 삶의 일치

복음에는 하나님의 의가 나타나서

믿음으로 믿음에 이르게 하나니; 기록된바,

"오직 의인은 믿음으로 말미암아 살리라" 함과 같으니라.

로마서 1 : 17

입술의 열매 1

1판 1쇄 발행 : 1996년 12월 20일
1판 16쇄 발행 : 2004년 2월 10일

저 자 : 꿈이 많은 사람
발행인 : 이 원 우 / 발행처 : 비전북출판사
주 소 : (411-834) 경기도 고양시 일산구 장항동 585-2호
전 화 : (02)966-3090 / 팩 스 : (02)3293-6620

E-mail : vsbook@hanmail.net
등록번호 : 제10-1452호

공급인 : 박 종 태 / 공급처 : 비전북
전 화 : (031)907-3927 / 팩 스 : (080)403-1004

Copyright ⓒ 1996 비전북출판사 Printed in Korea
값 6,500원

ISBN 89-87613-75-5 03230

추천의 글

나는 청소년 때 많은 단편, 장편 문학 소설과 시집을 좋아했다.

그리고 가장 부럽고 존경스러운 사람은 글을 잘 쓰고, 말을 잘 하는 사람이었다.

그 이후 나이가 차츰 들고 교회를 섬기면서 그전에 좋아하던 책과 그 내용의 한계를 알게 되었고, 그러한 내용은 인간의 근본 문제와 영혼의 깊은 고민을 해결할 수 없음을 알게 되었다.

깨어진 유리조각처럼 하나님 앞에 산산조각 난 인간의 실존을 누가 치료할 수 있고 해결할 수 있는가?

찬송가에 있는 대로 주 예수밖에 누가 있으랴.

금번 우리 교회의 안수집사이신 노길상 집사님이 "입술의 열매"란 책을 내어놓게 되었습니다.

오랫동안 성화 봉송처럼 기도하며 참고, 정성을 다하여 한자 한자를 적어 온 것입니다.

많은 영혼을 살찌우는 말씀, 치료하는 내용으로 가득 차 있습니다.

강단에서 제목처럼 사용해도 좋고, 청소년의 인격을 좋은 품성으로 만드는데 좋은 재료가 될 것 같습니다.

우리가 그리스도를 닮아야 하는데 이 책은 안내자 역할을 할 것입니다.

명성교회
김삼환 목사

지은이의 한마디

어느 시인은 봄을 아지랑이를 타고 오는 손님이라 했다.
그러면 여름은 소나기를 타고 올까? 아니면 뭉게구름?
그렇다면 가을은 빨간 고추잠자리를 타고 오겠지?
겨울은 코끝을 시리게 하는 매운 바람을 타고 날아와,
우리 곁에 슬그머니 내려 앉는다고 생각한다.

그러면 축복은 무엇을 타고 올까?
분명히 타고 오는 것이 있을텐데…
수도물은 수도관을 타고와 우리네 살림살이를 돕고,
전기는 전선을 타고 들어와 어둠을 밝힌다.
그런데 축복은 무엇을 타고 내게 들어오는지 잘 보이지 않는다.
그러나 그 통로는 너무나 내 가까이 있다.
바로 내 입술이다.
이 입술을 타고 축복도 들어오고 저주도 들어온다.
이 입술을 타고 축복도 나가고 저주도 나간다.

농부는 밭에 씨를 뿌린다.
씨앗은 땅에 파묻혀 보이지 않으나 이내 싹을 내고 열매를 맺는다.
가을이 되면 100배의 결실을 거둔다.
사람은 마음에 말을 뿌린다.
마음에 떨어진 말은 보이지 않으나 이내 싹을 내고 열매를 거둔다.

그것도 내가 뿌린 상상 이상의 많은 것으로 말이다.
세상에서 가장 하기 쉬운 것도 말이고,
또 가장 하기 어려운 것도 말이다.
아울러 가장 선한 것도 말이고, 악한 것도 말이다.
말 속에는 천사도 있고, 마귀도 있으며, 천국도 있고, 지옥도 있다.
모든 것은 내 입술을 내가 어떻게 관리하느냐에 달려있다.

우리 생활 주변에서 지금껏 가리지 않고
마구 내보낸 말들이 얼마나 많을까?
그 말들 중에서 사람을 죽이는 말과 살리는 말,
해야 할 말과 해서는 안될 말, 약이 되는 말과
독이 되는 말들을 골라 적어보았다.
한 가정에서 전등 하나를 끄면 수억의 자원이 절약되듯이,
우리 한 사람 한 사람이 매일 좋은 말을 한마디씩이라도 한다면,
이 땅이 얼마나 밝아질까?

좋은 말을 하자. 사랑의 말, 위로의 말, 격려의 말,
감사하는 말, 칭찬하는 말, 소망의 말, 긍정적인 말을 하자.
그리하여 하나님께서 아름답게 지으신 이 땅을 아름답게 가꾸자.

좋은 말이 세상에 가득하기를 원하는 …
꿈이 많은 사람이…

입술의 열매 1

- -

약(藥)이 되는 말
영혼을 살리는 186가지 말

CONTENTS

I

입 / 술 / 을 / 타 / 고 / 축 / 복 / 이 / 들 / 어 / 온 / 다

나는 오늘도 폭력을 휘두르고 있다.
차라리 주먹이라면 피해가 적을텐데,
내가 휘두르는 것은 언어의 폭력이다.
이 폭력에 맞아 자식이 멍들고,
가정이 깨지고, 친구가 터진다.
그러나 문제는 이런 결과가 나오는 것을
나 자신은 모른다는 것이다.

·입·술·의·열·매· I ·약·(藥)·이·되·는·말·

하늘의 별을 바라보세요

새날을 맞이했습니다.

새것은 언제나 좋습니다.

기대를 갖게 합니다. 아름다운 꿈을 꾸게 합니다.

그러나 많은 사람들이 꿈을 잃고 살아갑니다. 별을 바라보지 못하고 삽니다.

서울 하늘에는 별이 사라지고 있습니다. 공해와 매연은 밤하늘을 빽빽하게

수놓았던 별들을 하나, 둘 삼켜 버리고 있습니다.

마귀는 우리 마음에 반짝이는 믿음의 별을, 소망의 별을, 사랑의 별을 흐리게

하고 있습니다. 그러나 서울의 하늘에도 별이 있습니다. 땅을 보고 살아서

그렇지 위를 보고 살아보세요.

서울 하늘에도 빛나는 별들이 많습니다.

이 세상이 악하고 어둡다고요? 그래도 별이 있습니다. 별을 바라보세요.

아브라함은 별을 바라보았습니다. 믿음의 눈으로 바라보았습니다.

믿음이 있기 전에는 별 하나 나 하나, 별 둘 나 둘・・・로 헤었지만 약속을

믿고 믿음의 눈으로 볼 때는 별 하나 아들 하나, 별 둘 손자 둘

・・・별・・・다윗별・・・메시아 탄생!

지친 발걸음으로 집을 향하십니까? 인생길이 거칠고 험하신가요?

위를 바라보세요. 하늘의 별을 바라보세요.

그를 이끌고 밖으로 나가 가라사대 하늘을 우러러 뭇 별을 셀 수 있나
보라 또 그에게 이르시되 네 자손이 이와 같으리라 아브라함이 여호와를
믿으니 여호와께서 이를 그의 의로 여기시고 (창 15 : 5~6)

감사합니다

"감사합니다"

이 말 만큼 좋은 말이 또 있을까요?

감사할 줄 알면 인생을 다 배웠다고 할 수 있습니다. 박사 학위를 몇 개를 받았다 해도 감사할 줄 모른다면 아직 참 사람은 아닙니다. 사람은 감사할 줄 알아야 합니다. 개도 꼬리를 흔들며 적극적으로 감사의 표시를 합니다. 이웃에 고등학교에 다니는 딸을 둔 아버지가 계셨습니다. 성실하던 아이가 친구를 잘못 사귀어 비뚤어졌습니다. 때로는 타이르고 때로는 나무라며 온갖 정성을 기울였습니다. 어느 날 탈선의 현장에서 잡아온 아버지가 참다못해 매를 들었습니다. 이때 나타난 딸의 반응을 보십시오.

"당신이 나한테 뭐 해준 게 있다고 때리는 겁니까?"

감사할 것이 얼마나 많습니까? 건강해서 감사, 몸이 좀 불편해도 병원에 입원 안하니 감사, 입원했다 해도 죽을병이 아니니 감사, 예수 믿으니 감사, 북한에 태어나지 않고 자유의 땅에서 태어나니 감사···. 별빛 같은 은혜에 감사하면 달빛 같은 은혜를 주시고 달빛 같은 은혜에 감사하면 햇빛 같은 은혜를 주신다고 했습니다.

여호와께 감사하라 그는 선하시며 그 인자하심이 영원함이로다 (시 136 : 1~26)

좋아 보이네요

남을 좋게 봐주는 것은 즐거운 일입니다. 나도 즐겁고 상대방도 즐겁습니다.
꽃이 아름다우면 나비도 춤을 추듯이 좋은 말은 모두를 행복하게 합니다.

활짝 웃는 모습을 보고, 미소 띤 얼굴을 보고, 첫 추위에 빨갛게 달아오른
혈색 좋은 볼을 보고, 살짝 액센트를 가미한 눈화장을 보고 그냥 무뚝뚝하게
지나치지 마세요.

"좋아 보이네요" 이 한마디로 더 좋아지게 하는 활력소가 될 것입니다.
긴 머리는 여자다워서 좋고, 짧은 머리는 발랄해 보여서 아름답습니다.
숏다리는 안정감이 있어서 좋고, 롱다리는 시원해서 좋습니다.
좋게 보면 좋게 되고 나쁘게 보면 더 나쁘게 됩니다.
이제부터 이렇게 말하세요.
"좋아 보이네요"

나의 사랑하는 자가 내게 말하여 이르기를 나의 사랑, 나의 어여쁜 자야 일어
나서 함께 가자. 겨울도 지나고 비도 그쳤고 지면에는 꽃이 피고 새의 노래할
때가 이르렀는데 반구의 소리가 우리 땅에 들리는구나 (아 2 : 10~12)

보고 싶었습니다

보고 싶었습니다. 뵙고 싶었습니다.

누군가를 만날 때 이런 말을 하세요. 우리의 삶은 만남의 삶입니다.

부모를 만나고, 형제를 만나고, 친구를 만나고, 이성을 만나고, 이웃을

만납니다.

오늘 하루도 수없는 만남의 연속일 것입니다. 가족이나 학교, 직장 동료처럼

언제나 만나는 분들이 있는가 하면 새로운 만남도 있을 것입니다. 만남을

아름답게 가꾸어 가세요.

우리 주님은 나를 만나러 내려 오셨습니다.

만왕의 왕이신 분이 죄악의 쓰레기장에서 온갖 오물을 뒤집어쓴 내 손을

덥석 잡으시고 냄새나는 내 몸을 안아 주셨습니다. 그리고 이렇게

말씀하셨습니다. "너를 사랑한다. 너를 보려고 이 땅에 내려왔단다"라고.

이삭은 리브가를 기다렸습니다. 어서 보고 싶었습니다. 그래서 황혼의

들녘에 나가 조용히 묵상했습니다. 눈을 들어 바라보았습니다.

집에 들어서면서 이렇게 말하세요. 문을 열어 주면서 이렇게 말하세요.

"하루 종일 보고 싶었어요."

이삭이 저물 때에 들에 나가 묵상하다가 눈을 들어 보매 약대들이 오더라 (창 24 : 63)

°입•술•을•타•고•축•복•이•들•어•온•다•

인상이 좋으시군요

예쁜 얼굴과 인상이 좋은 것은 다릅니다. 미남과 인상이 좋은 것도 다릅니다.

빼어난 미모를 갖추었다 해도 그 얼굴에서 풍기는 것이 미모를 뒷받침 해

주지 못할 때가 많습니다. 인상은 얼굴의 생김새와는 아무런 관계가

없습니다. 미끈한 얼굴에 냉소와 공허를 느낄 수 있고, 울퉁불퉁한

얼굴에서도 따뜻함과 포근한 안식을 느낄 수가 있습니다.

"인상이 좋으시네요"라고 말하세요.

살기가 등등하고 금방이라도 달려들 정도가 아니라면 그렇게 말하세요.

다소 경직된 표정이더라도 마음에서 우러나는 이 한마디는 그분의 긴장을

풀어 주고 점점 더 좋은 인상으로 가꾸어 줄 것입니다.

단번에 좋아지는 것은 없습니다. 당신의 인상은 최고로 좋아질 수 있습니다.

인상쓰지 마세요. 쓰시려면 마음을 쓰세요.

그리고 다정한 벗이나 가족에게 짧지만 부드러운 편지를 쓰세요.

요나단은 다윗의 용기와 신뢰가 가득한 얼굴을 보고 성경에 둘도 없는

우정의 꽃을 피웠습니다.

> 다윗이 사울에게 말하기를 마치매 요나단의 마음이 다윗의 마음과 연락
> 되어 요나단이 그를 자기 생명같이 사랑하니라 (삼상 18 : 1)

소식 기다렸어요

좋은 것을 기다리는 사람은 늙지 않습니다. 불안하지 않습니다.

조급하지도 않습니다.

이런 말 저런 말에 흔들리지 않습니다.

무슨 일에나 기쁨과 감사로 살 수 있습니다.

소식을 기다린다는 것은 소식을 주는 분에 대한 관심입니다. 그분을

생각하고 사모하고 기다리는 것입니다.

관심을 가지세요. 무관심은 병입니다. 육체적으로 감각을 상실한 질병을

가진 사람은 불도 뜨거운 줄을 모르기 때문에 온 몸을 불에 데이는 경우가

많고 가시나 못에 찔려도 아픔을 느끼지 못해 피를 많이 흘려 죽는 경우도

있다고 합니다.

마음의 무관심은 더 큰 병입니다. 가장 큰 죽음의 병은 주님의 부르심에

무관심한 병일 것입니다.

•입•술•을•타•고•축•복•이•들•어•온•다•

예루살렘의 시므온은 백발이 되도록 메시아를 기다렸습니다. 오신다는 소식을 믿고 네 품에 메시야를 안으리라는 성령의 음성을 듣고 오래 기다렸습니다. 그리고 메시야를 품에 안은 축복의 사람이 되었습니다.

예루살렘의 시므온이라 하는 사람이 있으니 이 사람이 의롭고 경건하여 이스라엘의 위로를 기다리는 자라 성령이 그 위에 계시더라 저가 그리스도를 보기 전에 죽지 아니하리라 하는 성령의 지시를 받았더니 성령의 감동으로 성전에 들어가매 마침 부모가 율법의 전례대로 행하고자 하여 그 아기 예수를 데리고 오는지라 시므온이 아기를 안고 하나님을 찬송하여 가로되 주재여 이제는 말씀하신 대로 종을 평안히 놓아 주시는도다 내 눈이 주의 구원을 보았사오니 이는 만민 앞에 예비하신 것이요 이방을 비추는 빛이요 주의 백성 이스라엘의 영광이니이다 하니 (눅 2 : 25~32)

언제 뵈어도 한결같으시군요

변하는 세상에 살고 있습니다. 인심도 많이 변했고 가치관도 많이
변했습니다. 노래도 많이 변했습니다. 옛 노래는 따라서 흥얼거릴 수
있었는데 요즘 노래는 무슨 말인지 알아들을 수 없습니다.

물론 변하는 것이 아름다운 것도 있습니다. 계절의 변화는 우리를 생기
넘치게 합니다. 같은 나무인데도 꽃이 만발하였다가 잎이 청청한가 하면
어느새 붉은 옷으로 갈아입고 뒤이어 눈꽃이 만발한 모습들은 삶의 의욕을
일으켜 줍니다. 문제는 변하지 말아야 할 것들이 변하는 것입니다. 신앙은
변해서는 안됩니다. 시대가 달라져도 옛날 조상들이 간직했던 뿌리깊은
신앙을 계속 이어가야 합니다. 새벽을 깨웠던 그 신앙을 변치 않고 이어가야
합니다. 고난 중에 오래 참았던 그 신앙을 이어가야 합니다.

다윗은 한결같았습니다. 어린 목동 때나 망명의 객이 되었을 때나 왕이었을
때나 아들을 피해 도망자의 처량한 신세가 되었을 때도 하나님을 향한
마음이 한결같았습니다.

> 이새의 아들 다윗이 온 이스라엘의 왕이 되어 이스라엘을 치리한 날짜는
> 사십 년이라 헤브론에서 칠 년을 치리하였고 예루살렘에서 삼십 삼 년을
> 치리하였더라 저가 나이 많아 늙도록 부하고 존귀하다가 죽으매 그 아들
> 솔로몬이 대신하여 왕이 되니라 (대상 29 : 26~28)

목소리만 들어도 누군지 알겠어요

사랑하는 사람의 목소리를 들으면 행복해집니다. 그 목소리는 모습이
안보여도 알아들을 수 있고 여러 사람이 재잘거려도 사랑하는 사람의
목소리는 구별해 낼 수 있습니다.

그것은 그분에 대한 사랑이 있기 때문입니다. 사랑은 모든 것을 가능하게
합니다. 무한한 힘의 근원이 됩니다.

한 달 이상의 긴 방학을 마치고 왁자지껄한 교실에 들어서면 눈을 감아도
누가 떠들어대고 누구의 웃음인지를 알 수 있습니다. 10여 년을 헤어져 서로
잊었던 고향 친구가 어떻게 전화번호를 알았는지 전화를 걸어왔습니다.
그것도 멀리 부산에서 서울로 걸려 온 전화였습니다. 그런데도 참 신기한
것은 "야, 너 갑상이 아니냐!" 대뜸 제 입에서 나간 첫마디였습니다.

하나님은 참 신기하십니다. 어떻게 그렇게도 많고 많은 사람들의 목소리를
다르게 하셨을까? 또 한 번 신기한 것은 그렇게 각기 다른 목소리를 다
구별하여 알아들을 수 있을까?

그저 하나님께 감사할 뿐입니다.

> 나의 사랑하는 자의 목소리로구나 그가 산에서 달리고 작은 산을
> 빨리 넘어 오는구나 (아 2 : 8)

수고하셨어요

땀흘린 뒤의 냉수 한 컵은 참으로 시원합니다. 숨이 턱에 차도록 헉헉거리며
정상에 올라 천하를 내려다보며 마시는 물 한 모금은 모든 피로를 가시게
합니다.

일을 마치고 일어서는 분들에게 한 마디 하세요. "수고하셨어요" 그날의
피로는 이 한마디로 풀릴 것입니다.

버스를 내리며 한 마디 하세요 "기사님 수고하셨어요"

엘리베이터 단추를 누르며 한 마디 하세요 "수고하시네요"

집에 들어서면서 한 마디 하세요 "집안일 하느라 수고 많았지요?"

문을 열어 주면서 한 마디 하세요 "여보! 수고하셨어요"

말라서 금방 시들어 버릴 것 같은 화초에 물 한 그릇을 주어 보세요.

신기하게도 금방 싱싱하게 일어섭니다.

하루 일을 마치고 그냥 헤어지지 마세요.

"수고하셨어요"

내가 네 행위와 수고와 네 인내를 알고 또 악한 자들을 용납치 아니한
것과 자칭 사도라 하되 아닌 자들을 시험하여 그 거짓된 것을 네가 드러
낸 것과 또 네가 참고 내 이름을 위하여 견디고 게으르지 아니한 것을
아노라 (계 2 : 2~3)

역시 당신이 최고예요

칭찬하는 사람은 마음의 여유가 있는 분입니다. 칭찬하기가 쉬울 것 같지만 그리 쉽지는 않습니다. 마음의 여유가 없으면 불가능하고 노력하지 않으면 잘 안됩니다. 좋은 것일수록 쉽게 되는 일은 없습니다. 욕은 안 배워도 잘 되고 원망과 시기도 연습 없이 잘 됩니다. 게으름, 낙심, 비방도 노력 없이 잘되는 자동화 시스템입니다.

그러나 좋은 것은 노력해야 합니다. 애써야 합니다.

사랑도 좋은 것이기에 희생의 노력이 필요하고 봉사도 나를 쳐서 복종시키는 아픔이 있어야 제대로 감당할 수 있습니다.

칭찬은 참 좋은 무기입니다. 적절한 칭찬은 위대한 힘을 발휘합니다.

칭찬하세요. 칭찬하는 훈련을 하세요.

"역시 당신이 최고예요" 이 한마디는 최고가 아닌 사람일지라도 최고로 만드는 무한한 에너지가 숨어 있습니다.

예수께서 대답하여 가라사대 바요나 시몬아 네가 복이 있도다 이를 네게
알게 한 이는 혈육이 아니요 하늘에 계신 내 아버지시니라. 또 내가 네게
이르노니 너는 베드로라 내가 이 반석 위에 내 교회를 세우리니 음부의
권세가 이기지 못하리라 (마 16 : 17~18)

잘 참으셨어요

누구에게나 어려움이 있습니다. 어려울 때 참고 견디면 좋은 날이 온다는
것을 누구나 알고 있습니다. 몰라서 참지 못하는 사람은 없습니다. 인내의
열매가 좋다는 것은 알지만 오래 참고 견디기가 어렵기 때문에 많은
사람들이 중도에 포기하는 경우가 많은 것입니다. 이럴 때 한사람의 격려의
말은 엄청난 힘을 가져다줍니다.

더 이상 견디기 어려워 주저앉고 싶을 때 누군가 옆에서 "잘 참으셨어요.
조금만 더 인내하세요. 당신은 할 수 있어요"라고 했을 때 그는 힘차게
일어나 끝까지 달려갈 수 있습니다.

주위의 누군가 어려움을 당하고 계신가요? 가서 격려하세요. 당신이 당하고
계신가요? 말씀을 읽으세요. 하나님의 격려가 끊임없이 당신을 밀어 주실
것입니다. 이 찬송을 불러 보세요.

나의 등 뒤에서 나를 도우시는 주 나의 인생 길에서 지치고 곤하여
매일처럼 주저앉고 싶을 때 나를 밀어 주시네 일어나 걸어라
내가 새 힘을 주리니 일어나 너 걸어라 내 너를 도우리

시험을 참는 자는 복이 있도다 이것에 옳다 인정하심을 받은 후에 주께서 자기를
사랑하는 자들에게 약속하신 생명의 면류관을 얻을 것임이니라 (약 1 : 12)

∘입∙술∙을∙타∙고∙축∙복∙이∙들∙어∙온∙다∘

손이 참 예쁘시군요

우리는 큰 것을 좋아합니다. 큰 집, 큰 차, 큰 냉장고, 큰 TV··· . 큰 것을 좋아하다 보니 작은 일에는 관심이 없어졌습니다.

작은 일은 소홀히 생각하는 습관이 형성된 것 같습니다. 그까짓 것, 그까짓 것 몇 푼이 된다고, 뭐 그런 시시한 것 가지고, 그래서 작은 일을 정성껏 하는 사람을 쫌상, 소인배, 겁쟁이 등으로 매도하고 작은 일은 등한히 하고 눈에 띄는 큰 일에 신경 쓰는 사람을 보고 대인, 큰 그릇, 통큰 사람으로 추켜세우는 경우가 많습니다.

그러나 성경은 먼저 작은 일에 충성하라고 가르치고 있습니다. 작은 일에 충성할 수 있는 사람이 큰 일도 잘 할 수 있는 것이지 작은 일을 무시하는 사람이 큰 일을 잘 할 수 없다는 것입니다.

"손이 참 예쁘시군요" 이것은 작은 관심이요 작은 칭찬입니다.

이렇게 작은 손을 칭찬할 수 있는 사람이 크고 넓은 마음으로 큰 일도 해낼 수 있을 것입니다.

그 주인이 이르되 잘 하였도다 착하고 충성된 종아 네가 작은 일에 충성
하였으매 내가 많은 것으로 네게 맡기리니 네 주인의 즐거움에 참예할지
어다 하고 (마 25 : 21)

그 옷 잘 어울리네요

우리는 옷차림에 신경을 많이 씁니다. 거울 앞에 서는 이유가 얼굴 아니면
옷차림 때문일 것입니다. 옷차림은 인격을 나타냅니다. 직업을 나타내기도
하고 성격을 나타내기도 합니다.

어울리게 입는 것은 그 옷의 가격과는 관계가 없습니다. 환경에 가장
적합하게 입는 것이 어울리는 옷차림입니다.

학생다운 옷차림, 가정주부다운 옷차림, 직장인다운 옷차림이면 최고의
멋쟁이입니다.

분위기에 잘 맞는 옷을 입는 분이 오셨나요? 가볍게 한 마디 하세요.

"그 옷 잘 어울리네요"

작은 한마디가 천국을 만듭니다.

> 능력과 존귀로 옷을 입고 후일을 웃으며 입을 열어 지혜를 베풀며 그 혀
> 로 인애의 법을 말하며 그 집안 일을 보살피고 게을리 얻은 양식을 먹지
> 아니하나니 그 자식들은 일어나 사례하며 그 남편은 칭찬하기를 덕행 있
> 는 여자가 많으나 그대는 여러 여자보다 뛰어 난다 하느니라 고운 것도
> 거짓되고 아름다운 것도 헛되나 오직 여호와를 경외하는 여자는 칭찬을
> 받을 것이라 (잠 31 : 25~30)

잘 되시지요?

경기가 좋지 않고 어려움이 있어도 부정적으로 생각하지 마세요.

잘 될 거라고 생각하고 또 다른 사람에게 물어볼 때도 긍정적으로

물어보세요.

잘 될 줄 믿고 희망 속에 추진하는 것과 잘 안될 것 같아 소신 없이 하는

것과는 차이가 많습니다. 앞서 뛰는 선수를 꼭 따라잡아야지 하고 이를

악물고 뛰는 것과 저 선수는 평소에 나보다 빠른 사람이니 뛰어봤자 앞지를

가능성이 없다고 생각하고 뛰는 것은 차이가 많습니다. 상대의 컨디션이

나쁘면 따라잡을 수도 있고, 아니라 하더라도 2등은 할 수 있습니다.

좋게 말하세요. 남이 잘되기를 바라세요. 그러면 남보다 먼저 내가 잘

됩니다. 좋게 생각하세요. 새가 운다고 하지 말고 노래한다고 하세요.

늙는다고 생각하지 마세요. 성숙해진다고 생각하세요. 젊으면 힘이 있어

좋고 나이 먹으면 경험이 풍부해서 좋습니다.

마침 보아스가 베들레헴에서부터 와서 베는 자들에게 이르되 여호와께
서 너희와 함께 하시기를 원하노라 그들이 대답하되 여호와께서 당신에
게 복 주시기를 원하나이다 (룻 2 : 4)

당신과 악수하면 힘이 생깁니다

악수할 때의 느낌은 사람에 따라 다릅니다.

잡은 듯 만 듯 어설프게 잡는 분이 있고 아무 힘이 없어 허전하게 느껴지는 분이 있습니다. 그런가하면 어딘지 모르게 힘과 신뢰가 느껴지는 악수가 있습니다.

악수는 신뢰의 표현입니다. 맥빠진 손을 잡으면 마음도 맥이 빠집니다. 쥐고 마구 흔들 필요야 없겠지만 힘이 느껴지는 악수는 기분이 좋습니다. 나와의 만남이 반갑다는 표현으로 받아들일 수 있습니다.

그런데 아무 힘도 없고 시선도 마주하지 않는 악수를 하면 저분은 내게 관심도 없고 반갑지도 않지만 아는 사이니 형식적으로 했다는 썰렁한 생각이 들게 됩니다.

악수할 때 힘있게 하세요. 그리고 이렇게 말하세요.

"당신과 악수하면 힘이 생깁니다"

사울의 아들 요나단이 일어나 수풀에 들어가서 다윗에게 이르러 그로
하나님을 힘있게 의지하게 하였는데 (삼상 23 : 16)

분위기가 좋군요

모임에는 분위기가 있습니다. 즐거운 모임에는 거기에 맞는 분위기를
조성하고 경건한 모임에는 조용하고 엄숙한 분위기를 조성합니다.

분위기는 1차적으로 외적인 내용으로 조성됩니다. 실내의 조명, 색채, 음향,
장식물, 바닥재 등 눈에 보이는 요소들이 분위기에 영향을 줍니다. 그러나 더
중요한 것은 모인 사람들의 마음입니다. 그리고 그 마음에서 우러나오는
표정과 말씨에서 결정됩니다.

화려한 궁정에서 온갖 보석으로 꾸민 잔치도 분위기가 살벌할 수 있고
초라한 오두막집 호롱불 아래서도 사랑과 감사가 가득한 최고의 분위기가
있습니다.

분위기는 돈이 만드는 것이 아니라 사람이 만듭니다.

"분위기가 참 좋군요"

따뜻한 이 한마디는 시설을 떠나서 그곳을 최고의 분위기로 만들어 줄
것입니다.

마리아는 지극히 비싼 향유 곧 순전한 나드 한 근을 가져다가 예수의 발에 붓
고 자기 머리털로 그의 발을 씻으니 향유냄새가 집에 가득 하더라 (요 12 : 3)

좋은 음악이예요

좋은 음악을 들으세요. 좋은 음악은 안식을 주고, 새로운 힘을 주고, 의욕을 불러일으킵니다. 그러나 듣지 말아야 할 음악이 많습니다.

불행하게도 요즘은 듣지 말아야 할 음악이 더 많고 방송을 맡은 분들도 분별력이 없어 이런 음악을 너무나 많이 방송하는 안타까움이 있습니다. 록음악, 헤비메탈, 뉴에이지, 이런 음악들은 듣는 이의 영혼을 파괴합니다. 마음을 난폭하게 만들고, 우울하게 만들고, 조급하게 만들어서 술과 마약과, 퇴폐로 끌고 갑니다. 좋은 음악은 삶을 아름답게 합니다. 식물도 더 잘 자라고, 가축들도 젖을 더 많이 낸다는 실험결과도 있습니다. 팝송이나 대중가요보다는 클래식을 듣기를 훈련하세요. 팝송이나 대중가요는 그 구성 리듬이 지극히 단순하고 반복적이어서 사람을 단순하고 조급하고 심성을 얕게 만듭니다. 그러나 클래식은 넓고 깊이가 있고 짜임새가 있어 여유 있는 마음으로 만들어 줍니다.

그러나 무엇보다 찬송을 부르세요. 찬송은 옥문을 여는 기적도 일으킨 답니다.

밤중쯤 되어 바울과 실라가 기도하고 하나님을 찬미하매 죄수들이 듣더라 이에 홀연히 큰 지진이 나서 옥터가 움직이고 문이 곧 다 열리며 모든 사람의 매인 것이 다 벗어진지라 (행 16 : 25~26)

°입·술·을·타·고·축·복·이·들·어·온·다·

벽지 참 잘 고르셨네요

크고 대단한 것을 찾으려고 애쓰지 마세요. 우리 생활 주변에는 작지만 아름다운 것들이 많습니다. 장미도 아름답지만 빈들에 핀 이름 모를 작은 꽃도 아름답습니다. 깊은 산속 아무도 와주지 않는 곳에 홀로 핀 야생화도 참으로 아름답습니다. 순결하고 청아합니다.

거대한 바위산도 아름답습니다. 그러나 시냇가의 조약돌도 아름답습니다. 폭포도 아름답습니다. 성난 파도가 솟구치는 바다도 아름답습니다. 그리고 작은 시냇물도 작은 연못도 아름답습니다.

행복도 크고 좋은 모든 것을 소유해야 누리는 것이 아닙니다. 큰 것에서 행복을 찾으려 하지 마세요. 금방 행복은 끝나고 더 이상의 행복이 오지 않습니다. 작은 것에서부터 행복을 찾아 나가세요. 행복은 끝없이 일생을 통해 우리 것이 될 것입니다.

"벽지 참 잘 고르셨네요" 작은 발견이 위대한 발견의 시작입니다.

가산이 적어도 여호와를 경외하는 것이 크게 부하고 번뇌하는 것보다 나으니라 여간 채소를 먹으며 서로 사랑하는 것이 살진 소를 먹으며 미워하는 것보다 나으니라 (잠 15 : 16~17)

넥타이가 잘 어울려요

작은 칭찬은 보약보다 효과가 큽니다. 아침의 칭찬은 하루를 밝게 합니다.
어릴 때 아버지께서 들려주신 이야기가 생각납니다.

우리 집은 첩첩산골이라 옛날에는 호랑이도 있었다고 합니다. 마을 처녀들이
나물 캐러 들로 나갔다가 점점 산 속까지 들어가게 되었습니다. 얼마를
들어갔을 때 수풀 속에 고양이 새끼 몇 마리를 발견했습니다. 어찌나 예쁘고
귀엽게 생겼던지 머리를 쓰다듬으며 먹을 것을 주었답니다. 바로 그때 엄마
호랑이가 어흥 하고 소리를 지르며 나타났습니다. 호랑이 새끼를 고양이
새끼로 잘못 본 것이지요. 기절초풍한 처녀들은 넘어지고 자빠지며 온몸이
땀과 흙범벅이 되어서 기다시피 마을로 내려와 병들어 눕게 되었는데
신기하게도 다음날 아침 마루 위에는 어제 팽개치고 왔던 나물 바구니와
처녀들이 먹을 약초가 집집마다 놓여 있었답니다. 전설 따라 삼천리 같은
이야기지만 호랑이도 제 새끼 칭찬하고 예뻐하는 것은 좋아했나 봅니다.
가볍게 한 마디 하세요.
"넥타이가 잘 어울리시네요"

> 사람은 입의 열매로 인하여 복록에 족하며 그 손의 행하는 대로
> 자기가 받느니라 (잠 12 : 14)

건강해 보이시네요

건강의 축복은 최고의 축복이라고 생각합니다. 어느 약방에 붙어 있는
글귀가 생각납니다.

"재산을 잃는 것은 조금 잃는 것이고 신용을 잃는 것은 많이 잃는 것이다.
그러나 건강을 잃는 것은 모든 것을 잃는 것이다."

공감이 가는 말입니다.

건강은 마음이 많이 좌우합니다. 마음이 건강하면 웬만한 병은 몸에
있더라도 자연 치유가 되고 마음이 병들면 작은 병도 크게 키우는 경우가
많다고 합니다.

이런 인사를 종종 듣습니다. "얼굴이 왜 그래요? 무슨일 있으세요?" 이런
말을 들으면 기분이 좋지 않습니다. 진짜 무슨 일이 있을 것 같은 생각이
듭니다. 그러나 이런 인사도 종종 듣습니다. "얼굴이 좋아진 것 같아요. 좋은
일 있으신가 봐요" 이럴 땐 기분도 좋고 힘도 생깁니다. 항상 똑같은데 듣는
말에 따라 이렇게 달라지나 봅니다.

남이 들어서 좋은 말을 하세요. 힘든 일 아니잖아요?

하나님이여 내가 늙어 백수가 될 때에도 나를 버리지 마시며 내가 주의 힘을 후대에
전하고 주의 능을 장래 모든 사람에게 전하기까지 나를 버리지 마소서 (시 71 : 18)

이 정도면 넉넉합니다

아무리 많이 가져도 더 가지려고 몸부림치는 사람들이 많습니다. 그만하면
충분한 것 같은데 가지고 있는 것은 보지 못하고 자꾸만 더 가지려고 합니다.
자족할 줄을 모릅니다.

욕심이 욕심을 낳고, 좀더 누구보다 더, 더, 하다보니 무리한 힘을 쓰게 되고
정상적이지 않은 방법까지 동원하게 됩니다.

욕심은 끝이 없습니다. 대한민국을 몽땅 가지면 만족할 것 같지만 그때는
세계를 몽땅 갖고 싶은 욕심을 갖는 것이 사람입니다.

절제할 수 있는 적당한 욕심은 발전에 도움이 되는 것은 사실입니다. 그러나
절제의 브레이크가 파열된 욕심은 자신과 이웃을 불행의 낭떠러지로 인생의
자동차를 몰고 가게 합니다. 욕심을 갖되 절제와 자족의 브레이크를 반드시
점검하세요.

"바다가 보이는 언덕에 차를 멈추고···" 라는 관광안내의 문구가 있듯이.
행복이 보이는 언덕에 내 욕심의 자동차를 멈추세요.

내가 궁핍하므로 말하는 것이 아니라 어떠한 형편에든지 내가 자족하기
를 배웠노니 내가 비천에 처할 줄도 알고 풍부에 처할 줄도 알아 모든
일에 배부르며 배고픔과 풍부와 궁핍에도 일체의 비결을 배웠노라 내게
능력주시는 자 안에서 내가 모든 일을 할 수 있느니라 (빌 4 : 11~13)

또 오고싶은 가게로군요

상대방의 친절에 그냥 지나치지 마세요. 오는 정이 있으면 가는 정도 있어야
합니다. 우리 주변에는 우리를 위해 일하는 분들이 많습니다.

교통경찰들은 소음과 매연 속에서 우리의 질서를 위해 수고하는 분들입니다.
한여름의 타는 아스팔트 위에서 한겨울의 매서운 바람이 살을 깎는 도로
위에서 그들의 수고는 매우 큽니다.

아직 어둠이 걷히지 않은 골목골목을 시린 손을 불어가며 쓸고있는
환경미화원들의 아름다운 수고는 도시의 천사라고 해도 지나친 말은 아닐
것입니다.

이런 분들에 대한 감사의 한마디는 복잡한 도시 속의 신선한 청량제가 될
것입니다.

우리의 생활을 편리하게 해주기 위해 있는 수많은 것들이 있습니다. 문을
열고 나서기 전에 한마디 해 주세요.

"또 오고 싶은 가게이군요"

그러므로 무엇이든지 남에게 대접을 받고자 하는 대로 너희도 남을 대접
하라 이것이 율법이요 선지자니라 (마 7 : 12)

사랑합니다

사랑에 대해서는 쓸 말이 많습니다. 그러나 너무 크고 무한하기 때문에

망설이다가 쓸 말을 잃었습니다. 감히 사랑에 대해서는 쓸 수가 없습니다.

여러분이 쓰세요. 지금껏 사랑한다고 말하지 못하고 지나온 분들을 생각하며

쓰세요.

_____ 을 사랑합니다

_____ 을 사랑합니다

_____ 을 사랑합니다

_____ 을 사랑합니다

_____ 을 이제 사랑하렵니다

_____ 을 진심으로 사랑하렵니다

내가 내게 있는 모든 것으로 구제하고 또 내 몸을 불사르게 내어줄지라도
사랑이 없으면 내게 아무 유익이 없느니라 (고전 13 : 3)

참 아름답지요

눈이 좋으면 멀리 봅니다. 뚜렷이 봅니다. 그러나 아름다움은 마음의 눈이 밝아야 보입니다. 작은 들꽃을 봐도 아름다움에 감탄하고 풀잎에 맺힌 이슬방울을 보고 진한 감동을 느껴야 마음의 시력이 정상입니다.

저녁노을을 바라보고도, 뭉게구름을 보고도, 파란 하늘에 빨간 고추잠자리를 보고도 아름다움을 느끼지 못한다면 중병에 걸렸다고 생각해야 합니다.

비오는 날 노란 우산을 보고도, 검은 나뭇가지에 얹힌 하얀 눈을 보고도, 하얀 털을 가진 강아지의 까만 눈을 보고도 아름다움을 느끼지 못한다면 지금 당장 병원으로 달려가야 합니다.

우리 주변에는 아름다운 것들이 많습니다. 아름다움을 발견하는 시력 훈련을 하세요.

그리고 아름다움을 발견하셨으면 서슴없이 말하세요.

"참 아름답지요?"

> 눈은 몸의 등불이니 그러므로 내 눈이 성하면 온 몸이 밝을 것이요 눈이
> 나쁘면 온 몸이 어두울 것이니 그러므로 네게 있는 빛이 어두우면 그 어
> 두움이 얼마나 하겠느뇨 (마 6 : 22~23)

말씀 감사합니다

말을 잘하는 사람은 남의 말도 잘 듣는 사람입니다. 많이 말하려 하지 말고

많이 들으려 하세요. 말은 위험하기 때문에 잘해야 본전 찾기가 힘듭니다.

그러나 듣는 것은 도움이 많이 됩니다. 듣는 훈련을 하세요. 상대방의 말을

듣고 이야기 하세요. 그러면 대화가 됩니다. 남의 말은 귀담아 듣지 않고

자기 말만 하는 사람이 있습니다 .이런 경우는 대화라고 할 수 없습니다.

이것은 연설입니다.

누군가 나에게 말해줄 때 잘 듣고 있다는 것을 말하는 분이 느낄 수 있도록

하세요.

그리고 이렇게 말하세요.

"말씀 감사합니다."

내 사랑하는 형제들아 너희가 알거니와 사람마다 듣기는 속히 하고 말하
기는 더디 하며 성내기도 더디 하라 사람의 성내는 것이 하나님의 의를
이루지 못함이니라 (약 1 : 19~20)

저 분 참 좋은 분이에요

남을 말할 때 좋게 말하세요. 내가 좋게 말하면 그 좋은 평가가 내게로
되돌아옵니다. 특히 그분이 없을 때 좋게 말하세요. 말의 응답은 메아리와
같습니다. "아 -"하고 소리치면 "아, 아, 아 -"로 되돌아오고 "악 -"하고
소리치면 "악, 악, 악 -"으로 되돌아옵니다.

우리는 서로 얽혀서 삽니다. 혼자서는 살 수 없습니다. 얽힐 때 좋게
얽히세요. 비방과 수군거림의 끈으로 얽히지 마세요.

바울이 회심하고 예루살렘에 올라가서 제자들을 사귀고자 하나 다들
두려워하여 믿지 아니 했습니다. 이때 바나바는 바울을 좋게 소개하여
복음전도의 큰 길을 열었습니다.

좋게 소개하세요.

"저분 참 좋은 분이에요"

사울이 예루살렘에 가서 제자들을 사귀고자 하나 다 두려워하여 그의 제
자됨을 믿지 아니하니 바나바가 데리고 사도들에게 가서 그가 길에서 어
떻게 주를 본 것과 주께서 그에게 말씀하신 일과 다메섹에서 그가 어떻
게 예수의 이름으로 담대히 말하던 것을 말하니라 (행 9 : 26~27)

어쩜 이렇게 탐스러울까

하나님을 찬양하는 방법은 여러 가지가 있습니다.

노래로 찬양할 수 있고 시와 악기로도 찬양할 수 있습니다. 하나님께서

창조하신 자연을 보고 감탄하는 것도 하나님을 찬양하는 것이라고

생각합니다.

단단한 땅을 뚫고 솟아올라오는 새싹의 신비! 죽은 나뭇가지에서 움트는

새로운 생명! 가지마다 알알이 달린 빨간 열매들! 겸손히 머리 숙인

벼이삭의 황금물결! 가지가 부러질 듯 주렁주렁 달린 뒤뜰의 감나무!

탐스러운 열매를 보노라면 하나님의 위대함에 감사드리지 않을 수 없습니다.

"어쩜 이렇게 탐스러울까"

이 말은 창조주 하나님을 찬양하는 또 하나의 표현입니다.

대저 여호와는 크신 하나님이시요 모든 신 위에 크신 왕이시로다 땅의
깊은 곳이 그 위에 있으며 산들의 높은 것도 그의 것이로다 바다가 그의
것이라 그가 만드셨고 육지도 그의 손이 지으셨도다 오라 우리가 굽혀
경배하며 우리를 지으신 여호와 앞에 무릎을 꿇자 (시 95 : 3~6)

그래도 전 믿을 수 있어요

사람이 어려움을 당할 때는 하나, 둘이 아니라 모든 어려움이 한꺼번에

닥치는 경우가 있습니다. 욥의 시련도 한꺼번에 닥친 시련이었습니다.

재산도, 종도, 자녀들도, 건강도 잃어버리고 가장 가까운 부인마저 저주하며

떠나갔습니다.

친구들도 정죄하고 자기에게 도움을 받았던 고아와 과부들도 조롱하며

떠나갔습니다. 벌 받을 일을 했으니 그렇다며 한가지도 남김없이 깡그리

잃었습니다.

그러나 그가 잃지 않은 오직 한가지는 하나님이었습니다.

누군가 정죄를 당하고 모든 사람으로부터 손가락질을 당할 때 나도 그를

손가락질하고 몰아붙여야 할까요?

"그분은 그럴 분이 아니에요. 그래도 전 그분을 믿을 수 있어요"

그분을 위해 좋은 말을 해주세요.

예수께서 가라사대 나도 너를 정죄하지 아니하노니 가서 다시는 죄를
범치 말라 하시니라 (요 8 : 11)

넌 참 좋은 아이야

똑똑한 아이는 많은데 좋은 아이는 드문 것 같습니다. 요즘 초등학생들은
옛날 중학생 이상으로 아는 것도 많고 신체조건도 좋아졌습니다. 어린이는
어린이다워야 하는데 요즘 어린이는 어린이답지 않습니다. 자신이 수용할 수
있는 한계 이상으로 각종 지식과 기술을 집어넣다 보니 어린이다운
순수성은 사라지고 생존경쟁에서 승리하기 위한 하나의 투사로 자라는 것
같습니다. 사회는 이런 어린이에게 상을 주고 부모도 이런 아이에게 투자를
아끼지 않습니다.

어린이다운 순수성을 지닌 아이는 뒤로 밀려서 인정받지 못하고 약삭빠르고
똑똑한 어린이가 쓰임을 받습니다.

똑똑한 아이가 나쁜 것은 아닙니다. 똑똑하기만 한 어린이가 나쁘다는
말입니다. 어떻게 자녀를 기르시렵니까? 똑똑하게만 키우지 마세요. 온통
이기주의의 낙원으로 만드는 결과가 됩니다.

좋은 아이도 키우세요. 살기 좋은 낙원의 주인공들이 될 것입니다.

예수는 그 지혜와 그 키가 자라가며 하나님과 사람에게 더 사랑스러워
가시더라 (눅 2 : 52)

생각 날 거예요

오랜 세월이 지나도 생각나는 사람이 있습니다. 생각하면 웃음이 나는
잊혀지지 않는 얼굴들이 있습니다. 그러나 떠오르면 얼른 지우고 싶은
얼굴도 있습니다.

나는 다른 사람에게 어떤 얼굴로 비쳐질까요? 혹시 지우고 싶은 얼굴로
비춰지지는 않을까요?

어릴 적 개구쟁이들을 떠올리면 절로 웃음이 납니다.

흙장난, 모래장난, 소등을 타던 일, 원두막에서의 여름밤···.

좋은 추억의 얼굴들입니다.

오늘도 우리는 다른 사람의 얼굴을 보고 또 내 얼굴을 보여주며 삽니다. 훗날
서로 어떤 모습으로 그려질까요. 언젠가 아쉬운 이별의 자리에서 손을
붙잡으며 한 말이 기억납니다.

"생각 날 거예요"

그분은 지금도 좋은 기억으로 생각이 납니다.

다윗이 가로되 무서워말라 내가 반드시 네 아비 요나단을 인하여 네게
은총을 베풀리라 네가 네 조부 사울의 밭을 다 네게 도로 주겠고 또 너는
항상 내 상에서 먹을 지니라 (삼하 9 : 7)

어쩐지 오실 것 같았어요

사람을 맞을 때 반갑게 맞이하세요. 자기를 좋아하는 것을 느낄 때 또 오고 싶을 것입니다.

가게에 전에 왔던 손님이 또 오셨나요? 반갑게 맞으세요. "어쩐지 오실 것 같았는데 오셨군요"

그 손님은 기분이 좋을 것입니다. 자기를 잊지 않고 생각해 주고 있으니 말입니다. 사람은 자기를 반기는 곳으로 발길이 옮겨집니다. 거리가 멀어도, 몇 개의 가게를 지나서도 자기를 반기는 가게의 문을 열고 들어서게 됩니다. 말 못하는 짐승인 김유신 장군의 말도 언제나 웃으며 반기는 기생의 집으로 주인의 허락도 없이 걸어갔습니다. 김유신 장군의 결심을 파악하지 못한 어쩔 수 없는 잘못으로 애매히 죽임을 당했지만 말 못하는 짐승도 반기는 곳으로 발길이 옮겨지는 교훈을 받을 수 있습니다. 가게를 키워 백화점이 되는 꿈을 갖고 계신가요?

손님을 진정으로 반갑게 맞이하세요.

이튿날 가이사랴에 들어가서 고넬료가 일가와 가까운 친구들을 모아 기다리더니 마침 베드로가 들어올 때에 고넬료가 맞아 발앞에 엎드리어 절하니 (행 10 : 24~25)

사진보다 실물이 더 예쁘시군요

사진기를 발명한 사람은 참 대단한 일을 했다고 생각합니다. 사진은 잊혀져
버릴 추억들을 되살려내는 꿈의 기술입니다. 제겐 몇 장의 흑백사진이
있습니다. 손바닥 절반 크기도 안되는 빛바랜 볼품없는 한 장의 종이지만
꿈같은 추억들이 생생하게 담겨져 있습니다. 그 사진을 보고 있노라면
아스라한 추억의 날개를 타고 40년전으로 되돌아가는 것을 느낍니다.
앞이 터진 무명바지에 중요한 부분을 살짝가리고, 얼굴과 손발에 때가 끼어
마치 짐승 비슷한 어린애가 통나무 의자 위에 달랑 올라앉아 있습니다.
이것이 저의 3살 때의 모습입니다. 마당 한쪽에서 흙장난을 하느라 정신없는
아이를 옆마을의 사진기를 가진 장로님이 오셔서 씻지도 않고 찍은
사진입니다.
사람은 사진에 얽힌 사연들이 많이 있을 것입니다. 추억을 더 아름답게
만드는 말이 있습니다.
"사진보다 실물이 더 예쁘시군요"

열흘 후에 그들의 얼굴이 더욱 아름답고 살이 더욱 윤택하여 왕의 진미
를 먹는 모든 소년보다 나아 보인지라 (단 1 : 15)

언제 그렇게 익숙해지셨어요?

누구에게나 재능이 한두 가지는 있습니다. 취미와 특기도 있습니다. 그

사람의 재능이나 취미, 특기를 칭찬해 주면 서로의 만남이 좋아집니다.

운전면허를 얼마 전에 딴 분이 있나요? 볼링을 좋아하는 친구가 있나요?

컴퓨터를 시작한 분이 있나요? 꽃꽂이를 배우는 이웃이 있으신가요?

이렇게 말하세요.

"언제 그렇게 익숙해지셨어요?"

이 한마디는 그분에게 무한한 힘이 되어 또 한 사람의 전문가를 만들어 낼

것입니다. 비록 재능이 둔한 편이라 늦는 감이 있더라도 이렇게 말하지

마세요.

"시작한지가 얼만데 여태 그 수준이냐? 돈이 아깝다"

이 모든 백성 중에서 택한 칠백 명은 다 왼손잡이라 물매로 돌을 던지면
호리도 틀림이 없는 자더라 (삿 20 : 16)

∘입∙술∙을∙타∙고∙축∙복∙이∙들∙어∙온∙다∙

운전 참 잘하시네요

같은 차를 타도 운전하는 분에 따라 느낌이 다릅니다. 마치 안방에 앉은 듯 편안한 운전이 있고 가시방석에 앉은 것처럼 불안해서 자꾸만 발에 힘을 주고 안전벨트를 고쳐 맬 때가 있습니다. 운전기술의 차이라기 보다는 성격 나름인 것 같습니다.

인생의 핸들을 잡고 법규를 잘 지키며 편안한 운전을 하는 분이 있습니다. 그가 가장이면 온 가족이 평안하고 그가 사장이면 전 직원이 복됩니다.

그러나 인생의 핸들을 마음대로 휘돌리면 언제 사고가 날지 몰라 온 가족이 불안하고 온 직원이 안정을 찾지 못합니다. 인생의 핸들을 예수님과 함께 잡으세요.

그분께 맡기세요. 천국까지 안전한 드라이브가 될 것입니다.

함께 차를 타실 일이 있으신가요? 살짝 미소를 지으며 이렇게 말하세요.

"운전 참 잘하시네요"

바른 길로 행하는 자는 걸음이 평안하려니와 굽은 길로 행하는 자는
드러나리라 (잠 10 : 9)

참 잘 꾸미셨군요

잘 꾸며진 방에 들어가면 기분이 좋습니다. 잘 꾸며진 정원도 아름답습니다.
같은 환경이라도 꾸미기에 따라 전혀 달라집니다. 돈은 많이 들였는데
어딘가 어색하고 불안한 분위기가 있는가 하면 검소하게 꾸몄는데도
아늑하고 편안한 곳이 있습니다.

요즘의 쇼윈도우는 참 잘 꾸밉니다. 사고 싶은 생각이 들 정도로 잘
꾸밉니다. 음식점도 잘 꾸미고 옷가게도 참 잘 꾸밉니다. 물건의 포장도 잘
꾸밉니다. 비슷한 상품들을 놓고 서로 경쟁하는 시대이기 때문에 외부를 잘
꾸며야 경쟁에서 살아남을 수 있습니다. 얼굴도 잘 꾸밉니다. 눈썹도,
속눈썹도, 입술도, 귀도, 어디까지가 진짜 얼굴인지 모를 정도로 잘 꾸밉니다.
옷차림도 얼마나 세련되게 꾸미는지 모두가 패션 모델 같습니다.

그러나 정작 꾸며야 할 한가지는 소홀히 하지 않나 생각합니다. 마음입니다.
무엇보다 마음을 아름답게 꾸미세요.

좋은 분위기를 보면 "참 잘 꾸미셨군요" 하고 칭찬할 수 있는 여유가 있는
마음이라면 잘 꾸며진 마음입니다 .

무릇 지킬만한 것보다 더욱 네 마음을 지키라 생명의 근원이 이에서
남이니라 (잠 4 : 23)

참 좋은 생각이에요

다른 사람의 의견에 동의해 주는 사람은 여유가 있는 분입니다. 자기의 소신이 있고 생각이 깊은 분은 남의 의견도 존중해 줄 수 있는 여유가 있습니다.

남의 의견은 제쳐놓고 막무가내로 자신의 의견만 관철하려고 밀어붙이는 분들이 있습니다. 자기의 생각이 자신의 보기에 옳다면 다른 분의 의견도 나름대로 이유와 타당성이 있을 것입니다.

진리는 양보하지 마세요. 신앙도 양보하지 마세요. 그러나 그 밖의 이런 저런 의견들에는 양보하세요. 설악산으로 갈까? 한라산으로 갈까? 다 좋은 산입니다. 어딜 가면 어떻습니까? 이번에 못간 산은 다음에 가면 되니까요. 한식집으로 갈까? 중국집으로 갈까? 어딜 가면 어떻습니까? 다 음식인데요. 이번에 못간 곳은 다음에 가면 되니까요.

사람의 모임엔 의견이 구구합니다. 상대방의 의견에 찬물을 끼얹지 말고 이렇게 말하세요.

"참 좋은 생각이에요."

마른 떡 한 조각만 있고도 화목하는 것이 육선이 집에 가득하고
다투는 것보다 나으니라 (잠 17 : 1)

이 집에 오면 맘이 참 편해요

집마다 느껴지는 분위기가 있습니다. 온갖 비싼 장식물로 화려하게 장식하고
값비싼 그릇에 음식이 담겨져 나와도 어딘지 모르게 어둡고 불안한
그림자가 드리워진 가정이 있습니다. 반면에 꾸민 건 보잘 것 없으나 해맑은
웃음과 안식이 느껴지는 가정이 있습니다.
사람도 마찬가지입니다. 머리를 잘 꾸미고 화장을 잘하고 값비싼 보석으로
귀걸이 목걸이를 하고 진주 반지를 끼고 억지로 웃어도 그 웃음 뒤에
드리워진 어둠의 그림자는 지울 수가 없습니다.

무엇으로 우리 가정을 꾸미시렵니까? 무엇으로 내 마음을 꾸미시렵니까?
예수 그리스도로 꾸미세요. 예수 그리스도로 장식하세요.
예수 그리스도로 화장하세요.
초막이나 궁궐이나 참 안식처가 될 것입니다.

> 너희 단장은 머리를 꾸미고 금을 차고 아름다운 옷을 입는 외모로 하지
> 말고 오직 마음에 숨은 사람을 온유하고 안정한 심령의 썩지 아니할 것
> 으로 하라 이는 하나님 앞에 값진 것이니라 (벧전 3 : 3~4)

걸음걸이가 참 예쁘군요

아름다움은 얼굴에서만 나타나는 것이 아닙니다. 몸매에서도 느낄 수 있고 걸음걸이에서도 발견할 수 있습니다. 아무리 아름다운 얼굴과 몸매를 가지고 있어도 걸음걸이가 좋지 않으면 다시 만나고 싶지 않습니다.

걸음걸이에는 인격이 배어 있고 성품이 숨어 있습니다. 아무렇게나 생각 없이 걷지 마세요.

당신의 걸음은 어디로 향하고 있습니까? 무엇을 얻기 위해 분주히 걷고 있습니까? 무엇을 바라보며 숨을 헐떡이며 뛰고 있습니까? 인생의 목적지가 어디입니까? 이렇게 정신없이 분주하게 걷다보면 어디로 가고 있는지 모를 때가 있습니다. 잠시 걸음을 멈추세요.

그리고 생각하세요. 나는 지금 어디로 가고 있나요? 출세? 명예? 권력? 아니면 가족을 먹여 살리기 위해 할 수 없이 걷고 있나요?

내가 가는 이 길이 진리의 길인가요? 종점은 과연 어디인가요?

예수께서 가라사대 내가 곧 길이요 진리요 생명이니 나로 말미암지 않고는 아버지께로 온 자가 없느니라 (요 14 : 6)

좋은 시간 가졌습니다

우리의 삶에는 모임이 많습니다. 나 혼자 있는 시간보다는 누군가와 만나고,
모이고, 연결되어 있는 시간이 더 많은 것입니다. 적게는 두사람, 많게는
수백 명이 한자리에 모이는 경우도 있을 것입니다. 모임을 즐기세요.
환경이나 시설에 관계하지 말고 모임을 즐기세요.
모임을 즐겁게 이끌어 가세요. 모임에 찬물을 끼얹는 사람이 되지 말고
모임을 아름답게 하는 꽃이 되세요. 웃음을 잃지 마세요. 만족한 표정을
가지세요. 다소 미흡하더라도 이해하려고 노력하세요.
오늘 모임을 준비하고 계신가요? 모임에 초대를 받으셨나요?
핸드백 속에, 양복 주머니 속에 이것 하나는 꼭 준비해 가세요.
"좋은 시간 가졌습니다"

그러므로 무엇이든지 남에게 대접을 받고자 하는 대로 너희도 남을 대접
하라 이것이 율법이요 선지자니라 (마 7 : 12)

하나님 은혜지요

사람을 두 부류로 나눌 수 있습니다.

한사람은 "나는 하나님의 은혜로 삽니다"라고 말하는 사람이고 또 한사람은
"내가 벌어서 내 힘으로 삽니다"하는 사람입니다.

전자를 우리는 성도라고 부르고 후자를 불신자라고 부릅니다. 어떻게 보면
후자가 개척정신이 있고 의지가 있는 사람처럼 보입니다. 그러나 그는 근본
뿌리를 보지 못하고 있는 것입니다. 나무에서 꺾여 화병에 꽂힌 꽃이 자신의
앞날을 모르듯이, 하늘을 나는 연이 바람의 은혜를 모르듯이, 안개처럼,
풀잎에 맺힌 아침이슬처럼 조만간에 사라질 자신의 실체를 보지 못한
어두운 시력의 영향입니다. 내가 이 땅에 태어난 것도 하나님의 은혜요,
오늘까지 살아온 것도 하나님의 은혜입니다. 그리고 남은 삶도 하나님의
은혜로 사는 것입니다. 어려움을 주시는 것도 은혜요, 때로 눈물을 주시는
것도 은혜입니다. 날마다 이렇게 말하세요.

"하나님 은혜지요"

> 들으라 너희 중에 말하기를 오늘이나 내일이나 우리가 아무 도시에 가서 거기서 일
> 년을 유하며 장사하여 이를 보리라 하는 자들아 내일 일을 너희가 알지 못하는도다
> 너희 생명이 무엇이뇨 너희는 잠깐 보이다가 없어지는 안개니라 너희가 도리어 말
> 하기를 주의 뜻이면 우리가 살기도 하고 이것 저것을 하리라 할 것이거늘 이제 너희
> 가 허탄한 자랑을 자랑하니 이러한 자랑은 다 악한 것이라 (약 4 : 13~16)

덕분에 잘 지냅니다

우리는 서로 얽혀서 살아갑니다. 과일장사는 과일을 팔아 번 돈으로 쌀을
사고, 쌀가게 주인은 쌀을 판 돈으로 옷을 삽니다. 옷가게 주인은 옷을 판
돈으로 택시를 타고 택시기사는 손님이 준 돈으로 고기를 사서 집에
들어갑니다. 나는 너를 돕고 너는 그를 돕고 그는 또 다른 사람을 도우며
사는 것이 사회입니다. 그러니 우리 모두는 덕분에 사는 사람들입니다.
에어컨 장사는 여름에 번 돈으로 겨울에 난로를 사고 난로 장사는 겨울에 번
돈으로 여름에 에어컨을 삽니다. 우산장사는 비올 때 판 우산 수입금으로
맑은 날 좋은 모자를 사고, 모자 장사는 맑은 날 판 모자 수입으로 비오는
날 우산을 삽니다. 그러니 우리 모두는 덕분에 사는 사람들입니다.
오고가는 인정 속에 우리사회는 살맛나는 세상이 됩니다.
"너때문에 내가 손해본다"고 원망하지 마세요.
"덕분에 잘 지냅니다"하고 말하세요.

두 사람이 함께 누우면 따뜻하거니와 한 사람이면 어찌 따뜻하랴
한 사람이면 패하겠거니와 두사람이면 능히 당하나니 삼겹줄은 쉽
게 끊어지지 아니하느니라 (전 4 : 11~12)

주신 선물 잘 쓰고 있습니다

지금 음악을 들으며 이 글을 쓰고 있습니다. 제 앞에는 제작된 지 30년
가까이 되는 낡은 턴테이블이 돌고 있습니다. 몇 년 전에 선물로 받은 것인데
모양에 신경 쓰지 않고 기능에 초점을 맞추어 제작한 투박하고도 소박한
모습에 마음이 끌려 소중히 쓰고 있습니다. 낡고 뚜껑은 금이 갔어도 왕년의
명기답게 지금도 베토벤을 올려놓으면 베토벤이 귓가에 찾아오고
모짜르트를 올려놓으면 여지없이 모짜르트가 찾아옵니다. 조용히 돌고 있는
모습을 바라보노라면 이 귀중한 것을 선물하신 분의 얼굴이 떠오르고
고마운 마음이 솟아납니다.

우리는 많은 선물을 받았습니다. 부모로부터 사랑을, 친구로부터 우정을,
선생님으로부터 배움을, 이웃으로부터 신뢰를 선물 받고 삽니다.

하나님으로부터 생명을, 햇빛을, 눈과 비를, 신선한 아침 공기를, 찬란한
저녁노을을 선물 받았습니다. 그리고 무엇보다도 귀한 것은 예수
그리스도로부터 구원을 선물로 받았습니다. 주신 선물을 귀하게 여기고 잘
쓰는 것은 참으로 아름다운 일입니다.

> 여호와여 주의 하신 일이 어찌 그리 많은지요 주께서 지혜로 저희를
> 다 지으셨으니 주의 부요가 땅에 가득하니이다 (시 104 : 24)

성경적 세계관의 틀과 문화를 도구로
다음 세대를 세우는 토론식 성경공부 교재

삶이 있는 신앙 시리즈

우리가 만든 주일학교 교재는
성경적 세계관의 틀과 문화를 도구로 합니다.

왜 '성경적 세계관의 틀'인가?

진리가 하나의 견해로 전락한 시대에, 진리의 관점에서 세상의 견해를 분별하기 위해서
◇ 성경적 세계관의 틀은 성경적 시각으로 우리의 삶을 보게 만드는 원리입니다.
◇ 이 교재는 성경적 세계관의 틀로 현상을 보는 시각을 길러줍니다.

왜 '문화를 도구'로 하는가?

어린이, 청소년, 청년들의 삶에 가장 큰 영향을 끼치는 것이 문화이기 때문에
◇ 문화를 도구로 하는 이유는 우리의 자녀들이 문화 현상 속에 젖어 살고, 그 문화의
기초가 되는 사상(이론)을 자신도 모르게 이미 받아들이고 있기 때문입니다.
◇ 공부하는 학생들의 삶의 현장으로 들어갑니다(이원론 극복).

✦ 다른 세대가 아닌 다음 세대 양육

자기 생각에 옳은 대로 하는 포스트모던적인 사고의 틀을 벗어나, 하나님의 말씀에 기초
해서 생각하고 행동하는 성경적 세계관(창조, 타락, 구속)의 틀로 시대를 읽고 살아가는
"믿음의 다음 세대"를 세울 구체적인 지침서!

✦ 가정에서 실질적인 쉐마 교육 가능

각 부서별(유년, 초등, 중등, 고등)의 눈높이에 맞게 집필하면서 모든 부서가 "동일한 주
제의 다른 본문"으로 공부하도록 함으로써, 가정에서 부모와 자녀가 함께 성경에 대한 유
대인들의 학습법인 하브루타식의 토론이 가능!

✦ 원하는 주제에 따라서 권별로 주제별 성경공부 가능

성경말씀, 조직신학, 예수님의 생애, 제자도 등등

✦ 3년 교육 주기로 성경과 교리에 대한 기본적인 이해가 가능하도록 구성(삶이 있는 신앙)

- 1년차 : 성경말씀의 관점으로 본 창조 / 타락 / 구속
- 2년차 : 구속사의 관점으로 본 창조 / 타락 / 구속
- 3년차 : 하나님 나라의 관점으로 본 창조 / 타락 / 구속

"토론식 공과는 교사용과 학생용이 동일합니다!" (교사 자료는 "삶이있는신앙" 홈페이지에 있습니다)

1 목적

부지불식간(不知不識間)에 대중문화와 또래문화에 오염된 어린이들의 생각을 공과교육을 통해서 성경적 세계관으로 전환시킨다. 이를 위해 현실 세계를 분명하게 직시함과 동시에 그 현실을 믿음(성경적 세계관)으로 바라보며, 말씀의 빛을 따라 살아가도록 지도한다(이원론 극복).

2 구성

쉐 마 분명한 성경적 원리의 전달을 위해서 본문 주해를 비롯한 성경의 핵심 원리를 제공한다(씨앗심기, 열매맺기, 외울말씀).

문 화 지금까지 단순하게 성경적 지식 제공을 중심으로 한 주일학교 교육의 결과 중 하나가 신앙과 삶의 분리, 즉 주일의 삶과 월요일에서 토요일의 삶이 다른 이원론(二元論)이다. 우리 교재는 학생들의 삶 속에서 일어나는 문화를 토론의 주제로 삼아서 신앙과 삶의 하나 됨(일상성의 영성)을 적극적으로 시도한다(터다지기, 꽃피우기, HOT 토론).

세계관 오늘날 자기중심적인 시대정신에 노출된 학생들의 생각과 삶의 방식을 성경적 세계관을 토대로 바라보게 함으로써, 자신을 돌아보고 삶에 적용하는 것을 돕는다.

3 설교

학생들이 공과의 내용을 잘 이해하고, 공과 공부 시간을 풍성하게 하기 위해서, 부서 사역자가 매주 '동일한 주제의 다른 본문'으로 설교를 한 후에 공과를 진행한다.

권별	부서별	공과 제목	비고
시리즈 1권 (입문서)	유·초등부 공용	성경적으로 세계관을 세우기	신간 교재 발행!
	중·고등부 공용	성경적 세계관 세우기	
시리즈 2권	유년부	예수님 손잡고 말씀나라 여행	주기별 기존 공과 1년차-1/2분기
	초등부	예수님 걸음따라 말씀대로 살기	
	중등부	말씀과 톡(Talk)	
	고등부	말씀 팔로우	
시리즈 3권	유년부	예수님과 함께하는 제자나라 여행	주기별 기존 공과 1년차-3/4분기
	초등부	제자 STORY	
	중등부	나는 예수님 라인(Line)	
	고등부	Follow Me	
시리즈 4권	유년부	구속 어드벤처	주기별 기존 공과 2년차-1/2분기
	초등부	응답하라 9191	
	중등부	성경 속 구속 Lineup	
	고등부	하나님의 Saving Road	
시리즈 5권	유년부	하나님 백성 만들기	주기별 기존 공과 2년차-3/4분기
	초등부	신나고 놀라운 구원의 약속	
	중등부	THE BIG CHOICE	
	고등부	희망 로드 Road for Hope	
시리즈 6권	유년부		2024년 12월 발행 예정!
	초등부		
	중등부		
	고등부		

✔ 『삶이있는신앙시리즈』는 "입문서"인 1권을 먼저 공부하고 "성경적 세계관"을 정립합니다.
✔ 토론식 공과는 순서와 상관없이 관심있는 교재를 선택하여 6개월씩 성경공부를 할 수 있습니다.

성경적 세계관의 틀과 문화를 도구로 다음 세대를 세우고,
스토리story가 있는, 하브루타chavruta 학습법의 토론식 성경공부 교재

성경적 시각으로 포스트모던시대를 살아갈 힘을 주는
새로운 교회/주일학교 교재!

시리즈
삶이 있는 신앙

국민일보◎
CHRISTIAN EDU BRAND AWARD
기독교 교육 브랜드 대상

토론식 공과(12년간 커리큘럼) 전22종 발행!

기독교 세계관적 성경공부 교재 고신대학교 전 총장 **전광식**
신앙과 삶의 일치를 추구하는 토론식 공과 성산교회 담임목사 **이재섭**
다음세대가 하나님 말씀의 진리에 풍성히 거할 수 있게 될 것을 확신 총신대학교 명예교수 **신국원**
한국교회 주일학교 상황에 꼭 필요한 교재 브리지임팩트사역원 이사장 **홍민기**

소비 문화에 물든 십대들의 세속적 세계관을
바로잡는 눈높이 토론이 시작된다!

발행처 : 도서출판 **삶이 있는 신앙**
공급처 : 솔라피데출판유통 / 주소 : 경기도 파주시 문발로 123 솔라피데하우스
주문 및 문의 / 전화 : 031-992-8691 팩스 : 031-955-4433
홈페이지 : www.faithwithlife.com

저 친구 역시 믿을만 해

인간관계는 믿음을 기초로해서 이루어집니다. 어떤 관계에서나 믿음이
무너질 때 아울러 그 관계도 무너지게 됩니다. 경제적 어려움도 인간관계를
무너뜨리는 결정적 요인은 되지 않습니다. 환경의 어려움이나 어떠한 사고도
마찬가지입니다. 그러나 그 가운데서 믿음이 무너져 내릴 때 그때에는
아무리 환경이 좋고 여건이 훌륭해도 그 관계는 무너지게 되어 있습니다.
옛날 도둑 셋이 의형제를 맺고 고락을 같이하기로 맹세했답니다. 어느 날
부잣집을 털어서 큰돈을 소유하고는 서로 욕심이 생겼습니다. 한 도둑이
술을 사러 마을로 간 사이에 두 사람이 의논했습니다. 저놈을 죽이고 둘이서
나누면 몫이 더 많아질 것 아닌가? 그러나 한 도둑 역시 생각이 있었습니다.
두놈을 다 죽이면 모두 내 것이 아니겠는가? 그래서 술에 독을 타서 가지고
왔고 두 도둑은 술사오는 도둑을 돌로 때려 죽였습니다. 결국 하나는 돌에
맞아 죽고 둘은 독술을 먹고 죽고 말았답니다.
서로 믿음이 없고 내 욕심을 내세울 때 우리 모두는 불행으로 달려갈
것입니다. 누가 뭐라고 비방해도 이렇게 말하세요.
"저 친구 역시 믿을만 해"

하나님은 사람의 길을 주목하시며 사람의 모든 걸음을 감찰하시나니 (욥 34 : 21)

II

약 / 이 / 되 / 는 / 말

나는 오늘도 사람을 살리고 있다.
의사도 아니고 구조대원도 아니지만
내 입술을 통해 나간 작은 말들이
절망을 소망으로,
지옥을 천국으로 바꾸고 있다.

·입·술·의·열·매·I·약·(藥)·이·되·는·말·

제 잘못입니다

이 세상에서 가장 용기 있는 사람이 누구일까요? 복싱 챔피언일까요?
낙하산 없이 뛰어내려 묘기를 펼치는 고공낙하 요원들일까요? 밧줄 하나에
생명을 걸고 암벽을 아슬아슬하게 기어오르는 등반가일까요? 발목에 매달린
생명줄을 의지한채 높은 다리에서 뛰어내리는 번지점퍼일까요? 아니면
생명을 아끼지 않고 온갖 위험스런 촬영에 나서는 스턴트맨일까요?
이 모두가 용기있는 사람임에는 틀림없습니다. 그러나 가장 용기있는 사람이
있습니다. 바로 "제 잘못입니다"라고 솔직히 고백하는 사람입니다. 변명하지
않고, 자기의 명예에 손상을 느끼면서도 자신의 잘못을 고백하는
사람입니다.
다윗이 골리앗을 넘어뜨릴 때의 용기보다 나단 선지의 지적을 받고 곧
잘못을 시인하고 엎드려 회개하는 자세가 더 용기 있는 자세입니다.
이제 이렇게 말하세요.
"제 잘못입니다"

다윗이 나단에게 이르되 내가 여호와께 죄를 범하였노라 하매 나단이 다
윗에게 대답하되 여호와께서 당신의 죄를 사하셨나니 당신이 죽지 아니
하려니와 (삼하 12 : 13)

제가 하겠습니다

모두가 망설이고 주저할 때 "제가 하겠습니다"하고 나서세요. 위기를
극복하는 비결이 됩니다. 항상 좋아하는 일만 할 수는 없습니다.
때로는 싫은 일도 해야할 때가 있습니다.
이럴 때 적극적으로 나서세요. 어차피 해야 할 일인데 즐거운 마음으로
시작하면 쉽게 할 수 있습니다.
골리앗 앞에서 숨을 죽이고 누구 한 사람 나서지 않을 때 다윗은 믿음으로
나가서 승리했습니다. 범죄한 이스라엘을 향하여 이사야는 "내가 여기
있나이다. 나를 보내소서" 라고 했습니다. 다윗의 세 용사는 다윗이
베들레헴의 우물물을 사모할 때 적진을 돌파하고 우물물을 길어와 최고의
용사로 기록되었습니다. 침체되어있는 분위기, 발전의 소망이 보이지 않는
어두운 상황에서 분연히 일어나세요. 그리고 이렇게 말하세요.
"제가 하겠습니다."

내가 또 주의 목소리를 들은 즉 이르시되 내가 누구를 보내며 누가 우리
를 위하여 갈꼬 그 때에 내가 가로되 내가 여기 있나이다 나를 보내소서
(사 6 : 8)

최선을 다하겠습니다

최선을 다하는 모습은 아름답습니다. 초등학교 축구라도 최선을 다해 싸우면 멋진 경기가 됩니다. 그러나 프로축구라 해도 맥빠진 경기는 관중까지 맥빠지게 만듭니다.

농부의 이마에 맺힌 땀방울은 아름답습니다. 기능공의 손에 묻은 기름때는 아름답습니다. 학생의 손에 잡힌 몽당연필은 아름답습니다. 주부의 몸에 둘려진 앞치마는 아름답습니다. 무슨 일을 하든지 최선을 다하세요.

운동회때 100미터 달리기가 있었습니다. 키도 작고 다리를 다쳐 잘 뛰지 못하는 아이가 꼴찌로 들어왔습니다. 이를 악물고 온 힘을 다해 뛰는 모습은 정말 아름다웠습니다. 비록 꼴찌로 들어왔으나 가장 많은 박수와 격려를 받았습니다. 장애인 올림픽은 그야말로 감동적인 장면의 연속입니다.

인간승리요, 불굴의 의지를 보여주는 드라마들입니다.

최선을 다하는 분들에게 아낌없는 박수를 보내세요.

그리고 나도 이렇게 말하세요.

"최선을 다하겠습니다."

또 마음을 다하고 지혜를 다하고 힘을 다하여 하나님을 사랑하는 것과 또 이웃을 제 몸과 같이 사랑하는 것이 전체로 드리는 모든 번제물과 기타 제물보다 나으니이다 (막 12 : 33)

잊지 않겠습니다

사람은 잘 잊어버립니다. 그러나 어떤 것은 잊는 것이 오히려 좋습니다.
문제는 잊어야 할 것은 잊지 못하고 잊지 말아야 할 것은 쉽게 잊고 사는
것이 우리의 현실이 아닌가 합니다.

누가 내게 속상한 말을 한 것은 잊지 못해 밤새 되새김하고 싫은 소리 한 번
들은 것을 잊지 못해 두고두고 접어두었다가 공격할 기회를 기다려 꺼내
놓는 경우가 있습니다. 단단한 금고를 마음에 마련해 놓고 안 좋은 일들을
차곡차곡 쌓아두었다가 하나하나 꺼내 쓰는 경우가 있습니다. 겨울 김장을
큰 독에 담아 땅속에 묻어 두었다가 손님이 올 때마다 꺼내 먹듯이 잊지
않는 사람이 있습니다. 이제 나쁜 것은 잊으세요. 누가 내 말 한 것도
잊으세요. 이제는 잊지 말아야 할 것들을 잊지 않도록 신경쓰세요.

부모님의 은혜, 선생님의 은혜, 친구의 도움, 선배의 가르침, 무엇보다
하나님의 은혜를 잊지 마세요.

누가 내게 은혜를 베푸셨나요? 이렇게 말씀 드리세요.

"잊지 않겠습니다"

두렵건대 네 마음이 교만하여 네 하나님 여호와를 잊어버릴까 하노라
여호와는 너를 애굽땅 종 되었던 집에서 이끌어 내시고 (신 8 : 14)

그렇게 하겠습니다

순종이 말은 쉬운데 쉽게 되지 않습니다. 자신은 밑의 사람에게 순종을
요구하지만 막상 순종하기란 쉽지 않습니다. 자기 나름대로의 논리가 있기
때문입니다. 성경 전체를 통틀어서 하나님께서 우리에게 요구하신 가장 큰
것이 순종이라고 생각합니다. 성경의 모든 인물들이 순종의 사람이냐
불순종의 사람이냐에 따라 쓰임받고 버림받는 차이를 가져 왔습니다.
순종하는 것이 천천의 수양으로 제사드리는 것보다 하나님께서는 더 좋게
여기신다고 하셨습니다.

야구경기를 보면 감독이 타자에게 희생번트를 지시할 때가 있습니다. 선수
입장으로 볼 때 컨디션도 좋고 안타를 날릴만한 자신도 있는데 감독은
번트를 요구합니다. 멋진 안타를 날려서 점수를 내고 그날의 영웅이 되고
싶은데 감독은 희생번트를 지시합니다. 그럴 때 훌륭한 선수는 묵묵히
희생번트를 내어 자신은 죽고 주자를 1루 더 진루시킵니다. 만일 지시를
어기고 홈런을 쳤다고 해도 그 선수는 훌륭한 선수라 할 수 없습니다.

내 입장에 맞지 않더라도 순종하세요.

"네 그렇게 하겠습니다"

사무엘이 가로되 여호와께서 번제와 다른 제사를 그 목소리 순종하는 것을 좋아하심 같이
좋아하시겠나이까 순종이 제사보다 낫고 듣는 것이 수양의 기름보다 나으니 (삼상 15 : 22)

그 생각이 더 옳은 것 같습니다

누구나 자기 것에 애착이 더 있습니다. 자기 자식이 더 예뻐보이고 자기
생각이 가장 좋다는 생각을 합니다. 그래서 방어벽을 높이 쌓고 보호하려
듭니다. 고슴도치도 제 새끼는 예뻐서 "어째 이리도 털이 부드러울까?"
한답니다. 자기 것을 아끼는 마음은 좋습니다. 그러나 무조건적으로 내
것이니까, 우리 나라 것이니까 좋다는 생각은 버려야 합니다. 전통문화라는
이름아래 무속적이고 미신적인 행위를 마냥 좋다고 해서는 안됩니다. 하나님
말씀에 비추어 보고 옳지 않으면 우리 것이라도 과감하게 버려야 합니다.
내 의견이 타당성이 있더라도 남의 의견에 귀 기울일 필요가 있습니다. 그
사람도 나름대로 생각하고 계획해서 내놓은 의견이기 때문입니다. 내
의견보다 더 옳다면 과감하게 찬성해 주는 것이 성숙한 그리스도인의
태도입니다.
속으로는 내 생각보다 옳다고 인정하면서도 체면이나 자존심 때문에 모른
척 하지 마시고 당당하게 말하세요.
"그 생각이 더 옳은 것 같습니다"

그러므로 무엇이든지 남에게 대접을 받고자 하는 대로 너희도 남을
대접하라 이것이 율법이요 선지자니라 (마 7 : 12)

그 용기 대단하군요

일반적으로 판단할 때 불가능하다고 여겨지는 일에 도전하는 분들이 있습니다. 60을 바라보는 나이에 대학에 도전하는 분들이 있는가 하면 조지 포먼은 권투선수로는 환갑이라는 30을 훨씬 넘은 45세의 나이로 헤비급 챔피언에 오른 역사가 있습니다. '할아버지 복서'라는 별명 속에 묵직한 주먹을 오늘도 날리고 있습니다.

칠순을 넘긴 노부부가 높은 산을 오르는가 하면 위험에 처한 사람을 구하기 위해 강물에 뛰어드는 용감한 시민들도 있습니다. 이런 분들의 용기는 지친 우리의 삶에 용기가 됩니다. 신선한 삶의 청량제가 됩니다.

용기란 앞에서 말한 극적인 것만은 아닙니다. 작지만 아름다운 용기도 많습니다. 학교앞 횡단보도에서 아이들을 건네주는 용기, 두 발이 없이 기어다니며 물건을 파는 불쌍한 이웃에게 작은 물질로나마 도와주는 용기, 길가에 버려진 휴지를 쓰레기통에 주어 넣는 작은 용기, 이런 용감한 분들에게 격려해 주세요.

"그 용기 대단하군요"

그러므로 너희 담대함을 버리지 말라 이것이 큰 상을 얻느니라 (히 10 : 35)

기도하겠습니다

누구에게나 무기가 있습니다. 벌은 침이 무기입니다. 메뚜기는 강력한 뒷다리가 무기입니다. 개미는 부지런함이 무기이고 매미는 노래실력이 무기입니다. 사자는 발톱과 이빨이 무기이며 독수리는 강력한 날개와 하늘 높이 떠서도 조그마한 쥐 한 마리도 밝히 볼 수 있는 시력이 무기입니다. 사람도 누구나 나름대로 무기를 갖고 있습니다.

어떤 분은 지식을, 어떤 분은 재산을, 어떤 분은 건강을, 권력을, 배경을, 출신학교를, 기술을, 부모의 권세를, 자식의 출세를, · · · . 그래서 그런 것들을 무기로 삼아 의지하며 살아갑니다. 그러나 그런 무기들은 오래가지 않습니다. 곧 녹슬고, 부서지고, 꺾여지고 맙니다. 한때의 부, 한순간의 명예, 잠시의 권력 앞에서 사람은 애처롭게 매달리고 있습니다. 성도에게는 강력한 무기가 있습니다. 영원히 녹슬지 않고, 부서지지 않는 무기가 있습니다. 바로 기도입니다. 기도는 사람이 갖고 있는 그 어떤 것보다 강력합니다. 기도할 수 있는데 왜 염려하십니까? 문제가 있으신가요? 이렇게 말하세요.

"기도하겠습니다"

> 너는 내게 부르짖으라 내가 네게 응답하겠고 네가 알지 못하는 크고
> 비밀한 일을 네게 보이리라 (렘 33 : 3)

저분 잘 되어야 할텐데···

남이 잘 되기를 바라는 마음은 참 좋은 마음입니다. 남을 위해 기도해 주는 일도 참 좋은 일이겠지요. 기쁜 일이 있을 때 같이 웃어주고 슬픈 일이 있을 때 같이 눈물 흘려주는 마음은 너무나 아름다운 마음입니다.

사촌이 땅을 사면 배가 아프다는 요즘 세상에서 남이 잘 될 때 진심으로 축하해 주고, 남이 실패했을 때 진정으로 위로와 격려를 할 수 있는 마음은 쉽지 않으리라 생각합니다.

라이벌이 잘 되었을 때 마음이 어떨까요? 경쟁자가 실패하고 쓰러졌을 때 마음이 어떨까요?

원수의 집에 불이 났을 때 내 손에는 물통이 들려 있을까요? 아니면 부채가 잡혀 있을까요? 아니면 한 손에는 물통, 한 손에는 부채일까요?

남을 위해 복을 비세요. 그 복에 하나님의 복이 더해져서 내리실 것입니다.

또 그 집에 들어가면서 평안하기를 빌라 그 집이 이에 합당하면 너희 빈
평안이 거기 임할 것이요 만일 합당치 아니하면 그 평안이 너희에게로
돌아올 것이니라 (마 10 : 12~13)

실망하지 않습니다

우리를 좌절케 하는 어려움은 항상 우리 앞에 있습니다. 앞이 캄캄하고
답답할 때가 많습니다. 도저히 벗어날 가망없이 사방이 막힌 절망이 때때로
있습니다. 이럴 때 무어라 말하면 좋겠습니까? 실망의 말을 해 보세요.
절망의 담은 더 높아지고 좌절의 벽은 더 두꺼워집니다.

희미하던 불빛이 더 가물가물해지고 실낱처럼 가늘게 보이던 비상구도
어느새 막혀 버리고 맙니다.

이럴 때 소망의 말을 하세요. 절망의 담 한 모퉁이가 무너져 내리고 좌절의
벽에 금이 갈 것입니다. 희미하던 주위가 어느새 어렴풋이 분별할 정도로
밝아지고 보일락 말락하던 비상구가 시야에 들어올 것입니다.

"실망하지 않습니다"

"더 열심히 해 보겠습니다"

성공하는 사람들의 언어 습관입니다.

> 그가 이같이 큰 사망에서 우리를 건지셨고 또 건지시리라 또한 이후에라도
> 건지시기를 그를 의지하여 바라노라 (고후 1 : 10)

끝까지 해보겠습니다

승리의 면류관은 끝까지 남는 자에게 주어집니다. 시작이 아무리 좋고
중간이 대단해도 끝이 좋지 않으면 아무 소용이 없습니다. 설계도 좋고
기초공사가 아무리 잘 되어도 완공하지 못하면 가치가 없습니다. 1994년
미국 월드컵때 한국 축구가 보여준 투혼은 대단했습니다. 우승후보 독일에게
선취 골을 먹고도 후반에 몰아붙여 무승부를 이룬 장면은 세계 축구를
놀라게 했습니다. 세계 언론은 한국의 승리요 독일의 참패라는 보도를
했습니다. 승부는 가리지 못했으나 이미 모든 사람은 승자와 패자를
구분하고 있습니다. 누가 끝까지 최선을 다했느냐로 판정을 내리고 있는
것입니다.

비록 패했다 하더라도 끝까지 최선을 다한 사람은 승자가 누리는 찬사를
받습니다. 그러나 부끄러운 승리는 떳떳한 패배보다 못합니다.
용두사미가 되지 마세요. 시작은 미약하였으나 나중이 창대한 것이
좋습니다. 마지막 웃는 자가 최후의 승리자입니다.

너희가 이같이 어리석으냐 성령으로 시작하였다가 이제는
육체로 마치겠느냐 (갈 3 : 3)

저분은 가슴이 따뜻한 분이에요

어느 광고에서 "가슴이 따뜻한 사람과 만나고 싶다"라는 문구가
인상적이었습니다. 사람은 머리는 차고 가슴은 뜨거워야 한다고 합니다.
머리로는 냉철하게 분석하고 판단해서 선악을 구별하고 가슴으로는
관용하고 이해하는 마음으로 따뜻해야 한다는 것입니다. 때로는 사랑으로
뜨겁게 달아올라야 한다는 것입니다. 반대로 머리가 뜨거우면 안됩니다.
잘못 생각합니다. 일반 상식이 허용하는 범위 밖의 생각을 하게 됩니다.
가슴이 차가워도 안됩니다. 이기주의, 배타주의 세상이 되고 맙니다.
지금 머리를 만져 보세요. 가슴에 손을 대 보세요. 조용히 나를 진찰해
보세요. 병원에 가지 않아도 이 병은 스스로 어느 정도 진단할 수 있습니다.
평소에 내가 하는 행동을 기준으로 진단할 수 있습니다.
혹 이상이 발견되시나요? 요양에 들어가세요. 우선 말부터 바꾸면서
시작하세요. 맵고 짠 음식은 피하듯이 맵고 짠 말도 피하고 부드럽고 따뜻한
말을 하세요.

여호와여 주는 나의 찬송이오니 나를 고치소서 그리하시면 내가 낫겠나이다
나를 구원하소서 그리하시면 내가 구원을 얻으리이다 (렘 17 : 14)

저분은 믿을 수 있는 분이에요

세상에 믿을 사람 없다고요? 누굴 믿느니 차라리 내 주먹을 믿겠다고요?
아닙니다. 믿을 수 있는 분들도 많습니다. 내 속에 있는 의심이 문제입니다.
땅에 있는 사람을 믿지 못하고서 하나님을 믿는다고 하는 것은 잘못입니다.

물론 사람을 믿는 것과 하나님을 믿는 것과는 다릅니다. 사람은 신뢰의
관계이고 하나님께는 경배의 관계입니다. 사람이나 물질을 경배의 대상에
두면 우상이요 하나님께 대해 단지 신뢰의 대상으로 두고 경배하지 않으면
옳은 일이라 할 수 없습니다.
모든 인간관계는 신뢰를 기초로 해서 이루어집니다.
친구도, 가정도, 기업도, 서로의 신뢰가 든든할 때 행복의 꽃이 필 것입니다.
신뢰하세요. 그리고 상대방도 나를 신뢰할 수 있도록 노력하세요.
좋게 소개하세요.
"저 분은 믿을 수 있는 분이에요"

할 수 있거든 너희로서는 모든 사람으로 더불어 평화하라 (롬 12 : 18)

저분 참 대단한 분이에요

이른바 통이 큰 사람들이 있습니다. 통이 크다는 것은 사소한 일은 무시하고 큰 일만 한다는 것은 아닙니다. 10원짜리는 돈으로 안보고 수표만 돈으로 보는 분들을 일컬음이 아닙니다. 티코는 창피해서 못타고 외제 고급 승용차를 타야 내 수준에 맞다고 생각하는 분들을 일컬음도 아닙니다. 통이 크다는 것은 이런저런 모든 환경과 일에 모두 잘 적응하는 분을 말함입니다. 적은 일에도 최선을 다하고 큰 일에도 자만하거나 교만하지 않는 분을 일컬음입니다. 대범한 사람은 마음이 넓은 사람입니다. 깨진 유리처럼 날카로운 말이 들어와도, 다듬지 않은 돌처럼 상처 주는 말이 들어와도 같이 맞닥뜨리지 않고 스폰지처럼 충격을 흡수해서 서로 다치지 않고 두터운 장갑으로 감싸안는 사람입니다.

유리와 유리가 부딪히면 깨어집니다. 돌과 돌이 부딪히면 부서집니다.

날카로운 말에도 부드럽게 쿠션을 펴세요.

대범한 마음이 되도록 애쓰세요.

사람아 주께서 선한 것이 무엇임을 네게 보이셨나니 여호와께서 네게 구
하시는 것이 오직 공의를 행하며 인자를 사랑하며 겸손히 네 하나님과
함께 행하는 것이 아니냐 (미 6 : 8)

◦입•술•의•열•매• ㅣ •

큰 그릇이란 저분 같은 분을 두고 하는 말일 거예요

사람을 비유할 때 여러 가지로 표현합니다. 나무로 표현해서 큰 재목이다라고 하기도 하고, 기둥으로 표현해서 큰 기둥이다 하기도 합니다. 그러나가장 많이 쓰는 표현은 역시 "그릇"으로 표현합니다. 사람 속에는 수많은것들이 담겨 있기 때문에 아마 그릇으로 표현하는 것 같습니다.

그릇 시장에 가면 눈이 휘둥그래집니다. 어쩌면 그렇게 다양한 그릇들이있을까요. 크기나 모양, 색깔들이 워낙 다양해서 눈이 모자랍니다.

사람도 역시 다양하겠지요? 키도 다르고, 생김새도 다르고, 성격도 모두다릅니다. 하나님께서도 내려다보시면 눈이 휘둥그래지실 것 같습니다.
"내가 언제 저렇게 많이 만들었을까?" "참 기기묘묘한 작품들도많구나"라고 하실 것 같습니다.

큰 그릇이 되세요. 아울러 깨끗한 그릇이 되세요. 그리고 같은 그릇끼리부딪히지 말고 좋게 말하세요.

큰집에는 금과 은의 그릇이 있을 뿐 아니요 나무와 질그릇도 있어 귀히
쓰는 것도 있고 천히 쓰는 것도 있나니 그러므로 누구든지 이런 것에서
자기를 깨끗하게 하면 귀히 쓰는 그릇이 되어 거룩하고 주인의 쓰심에
합당하며 모든 선한 일에 예비함이 되리라 (딤후 2 : 20~21)

· 약 · 이 · 되 · 는 · 말 ·

제가 양보하겠습니다

양보도 미덕 중의 하나입니다. 양보해주는 사람을 보면 왠지
존경스럽습니다. 다시 한 번 보게 됩니다.

양보는 여유 있는 사람이 할 수 있습니다. 시간의 여유가 아니라 마음의
여유요 인격의 여유입니다. 사람들이 양보를 잘 하려지 않는 것은
양보하면 손해본다고 생각하기 때문인 것 같습니다. 다른 차에게 양보하면
시간의 손해, 물건 고르는 것을 양보하면 고르고 남은 질 낮은 것을 사게
되는 손해, 버스 승차를 양보하면 서서 가게 되는 손해 등 이런저런 자신에게
돌아올 불이익을 생각하는 것 같습니다. 그러나 실상은 그렇지 않습니다.
다른 차에게 양보하면 같이 빨리 가게 되고 물건 고르는 것을 양보해도 더
좋은 새로 나온 것을 살 경우가 많습니다. 그리고 때로 다소의 손해가
있다해도 양보는 아름다운 것임에 틀림없습니다.

하나님께서는 양보하는 사람에게 축복을 양보하지 않습니다.

한 되를 양보하면 한 말의 이익을 주십니다.

이제 이렇게 말하세요.

"제가 양보하겠습니다."

네 앞에 온 땅이 있지 아니하냐 나를 떠나라 네가 좌하면 나는 우하고
네가 우하면 나는 좌하리라 (창 13 : 9)

저는 젊은데요 뭘

젊음!! 참으로 아름다운 것입니다. 초여름과도 같이 만물이 생동하는 축복의
계절입니다. 달려가도 피곤치 않고 무한한 꿈과 내일을 바라보는 귀중한
시기입니다. 아무리 딱딱한 음식이라도 소화할 수 있는 치아와 위장이 있고
멀리 바라보아도 선명한 시력이 있습니다. 분명 젊음은 귀하고 아름다운
것입니다.

그러나 젊음은 머물러 주지 않습니다. 빠르게 지나갑니다. 그리고 짧습니다.
일생의 한토막에 지나지 않습니다. 그렇기 때문에 소중히 여겨야 합니다.
값지게 살아야 합니다. 젊음의 짧은 시간을 어떻게 살았느냐에 따라 나머지
인생이 결정됩니다.

"노세 노세 젊어 놀아 늙어지면 못노나니" 이런 삶을 사시겠습니까?
가장 어리석은 삶입니다. 한순간의 쾌락을 찾아 날아드는 부나비처럼
어리석은 삶입니다.

젊음이 있을 때 일하세요. 공부하세요. 연구하세요. 준비하세요. 젊음의
다리를 잘 건너면 낙원에 이르고, 잘못 건너면 고뇌의 늪에 이릅니다.

너는 청년의 때 곧 곤고한 날이 이르기전 나는 아무 낙이 없다고 할 때가
가깝기 전에 너의 창조자를 기억하라 (전 12 : 1)

◦약◦이◦되◦는◦말◦

고생이라니 뭘요 더 어려운 분들도 많은데요

"눈물 섞인 빵을 먹어보지 못한 사람과는 인생을 논하지 말라"라는 말이 있습니다. 고된 훈련을 거치지 않은 군인은 군인이 아닙니다. 시련을 통과하지 않은 기업가는 기업인이 아닙니다. 고난을 통과하지 않은 지도자는 지도자가 아닙니다.

어렸을 적 닷새만에 한 번씩 열리는 장에 아버지를 따라 곧잘 갔습니다. 시장에 가시면 아버지께서 꼭 들리시는 곳이 있습니다. 바로 대장간입니다. 시뻘건 불에 낫이나 도끼를 집어넣고 달군 후에 사정없이 망치로 두들긴 다음 찬물에 집어넣습니다. 그리고 또 불 속에 집어넣어 빨갛게 달군 다음 또다시 두드리고 찬물에 담급니다. 이러기를 수차례 반복합니다. 신기한 것은 그 단단한 쇠를 달군 다음 두드리면 엿가락처럼 모양이 변하는 것입니다. 그리고 두드리면 두드릴수록 단단한 쇠가 되어 연장으로서 구실을 한다는 것입니다.

고난을 괴로워하지 마세요. 영광은 반드시 고난 후에 오는 지각생입니다.

나의 가는 길을 오직 그가 아시나니 그가 나를 단련하신 후에는
내가 정금같이 나오리라 (욥 23 : 10)

좋은 날이 오겠지요

기회는 기다리는 사람에게 찾아온다고 했습니다. 좋은 날도 기다리는
사람에게 찾아오는 손님입니다. 오늘이 어려워도 내일을 바라보며 기다리는
사람에게 좋은 날은 꼭 찾아옵니다. 흐르는 눈물을 닦아내면서도 내일을
믿음으로 바라보는 사람을 좋은 날은 그냥 지나치지 않습니다. 좋은 날은
기다리는 사람에게 약합니다. 쇠붙이가 자석에게 약하듯이 좋은 날은
기다리는 사람을 찾아옵니다.

노아는 방주를 120년 동안이나 지으며 기다렸습니다. 아브라함도 약속하신
아들 이삭을 25년을 기다렸습니다. 야곱도 20년을, 요셉도 팔려간 후 총리가
되기까지 13년을 한결같이 기다렸습니다. 모세도, 다윗도, 세례요한도
기다린 사람들입니다. 약속이 조금 더디다고 실망하지 마세요. 꼭 좋은 날은
오고야 맙니다. 겨울이 가고 새봄이 오면 무거운 땅을 뚫고 새싹이
솟아오르듯 아마 좋은 날도 지금쯤 기지개를 켜고 있을지도 모릅니다.

기다리세요. 이런 마음으로 기다리세요.

"좋은 날이 오겠지요"

> 그러므로 형제들아 주의 강림하시기까지 길이 참으라 보라 농부가 땅에서
> 나는 귀한 열매를 바라고 길이 참아 이른 비와 늦은 비를 기다리나니 너희
> 도 길이 참고 마음을 굳게하라 주의 강림이 가까우니라 (약 5 : 7~8)

아무래도 형이 저보단 낫지요

서로 높여주면 모두 높아집니다. 서로 헐뜯고 깎아내리면 모두 낮아집니다.

남을 높이면 상대적으로 나는 낮아질 것 같은데 그렇지 않습니다.

저울은 한쪽이 올라가면 한쪽이 내려오는데 칭찬은 저울과 다릅니다.

시소도 한쪽이 올라가면 반대쪽이 내려오는데 칭찬은 시소와도 다릅니다.

올려주면 같이 올라가고 깎아내리면 따라서 내려옵니다.

칭찬하세요. 나보다 남을 낮게 여기세요. 특히 나와 라이벌 관계의 사람을

높여주세요. 참으로 어려운 일입니다. 그러나 어렵더라도 그렇게 해 보세요.

요나단은 왕자였습니다. 사울을 이어 왕위에 오를 자리에 있었습니다.

다윗은 목동이었습니다. 왕이 되는 것과는 거리가 떨어진 자리에

있었습니다. 그러나 왕자 요나단은 목동 다윗을 더 높여 주었습니다.

높여 주세요. 좋게 말해 주세요.

곧 요나단이 그에게 이르기를 두려워 말라 내 부친 사울의 손이 네게 미
치지 못할 것이요 너는 이스라엘 왕이 되고 나는 네 다음이 될 것을 내
부친 사울도 안다 하니라 (삼상 23 : 17)

내가 물려줄 가장 큰 유산은 신앙이란다

부모는 자식에게 주고 싶어합니다. 자식에게 주기를 아까워하는 부모는 없을
것입니다. 자기는 먹지 못해도 자식은 먹이고, 자기는 추위에 떨더라도
자식은 입히는 것이 부모의 사랑입니다.

6·25 때의 일이라고 합니다. 아이를 업고 피난길에 나선 어머니가 추위와
굶주림에 기진맥진했습니다. 그렇지만 어떻게 하던지 등에 업힌 자식은
먹였습니다. 밥 한 숟갈을 겨우 얻어먹으려 하면 등에 업힌 아이가
"엄마"라고 부릅니다. 그러면 그 밥은 아이의 입으로 들어갑니다. 천신만고
끝에 감자라도 하나 얻으면 또 등뒤에서 "엄마"라고 부릅니다. 그러면 또 그
감자는 자식의 배를 채웁니다. 이렇게 며칠을 내려오다 안타깝게도 모자는
죽음을 맞이했습니다. 기가 막히게도 엄마는 굶주려 죽고 자식은 너무 먹어
탈이 나서 죽었습니다. 어머니의 무모한 사랑일까요? 무엇이 최고의
유산일까요? 재산일까요? 명예일까요? 학벌일까요? 신앙이 최고입니다.
확실한 신앙만 물려줄 수 있다면 모든 것을 물려준 것입니다.

> 내 아들 솔로몬아 너는 네 아비의 하나님을 알고 온전한 마음과 기쁜 뜻
> 으로 섬길지어다 여호와께서는 뭇 마음을 감찰하사 모든 사상을 아시나
> 니 네가 저를 찾으면 만날 것이요 버리면 저가 너를 영원히 버리시리라
> (대상 28 : 6)

당신의 도움이 없었다면 성공하지 못했을 거예요

아무 도움 없이 세상을 사는 사람은 없습니다. 축구는 11명이 서로 도우며 경기를 하고, 배구는 6명이, 농구는 5명이 서로 팀웍을 이루며 값진 승리를 일구어 냅니다. 혼자 하는 권투도 혼자만의 승리는 아닙니다. 코치가 있고 트레이너가 있고 매니저가 있습니다. 에베레스트 정상에 홀로 우뚝선 승리자 뒤에는 수많은 희생의 손길이 있었습니다.

경기에는 어시스트라는 말이 있습니다. 직접 슛을 성공시키지는 못했지만 동료가 슛을 성공시키도록 결정적인 도움을 주는 것을 말합니다. 화려한 찬사는 받지 못하지만 어시스트를 잘 하는 선수야말로 그 팀 중에 가장 귀한 보배인 것입니다.

어시스트가 되세요. 그리고 내 성공 뒤에 알게 모르게 희생이 되어주신 분들을 기억하세요. 부모님, 선생님, 친구, 가족, · · ·. 눈을 감고 생각하면 너무나도 많습니다.

그분들에게 이렇게 말하세요.

"당신의 도움이 있기에 제가 있습니다."

> 두 사람이 한 사람보다 나음은 저희가 수고함으로 좋은 상을 얻을 것임이라
> 혹시 저희가 넘어지면 하나가 그 동무를 붙들어 일으키려니와 홀로 있어 넘
> 어지고 붙들어 일으킬 자가 없는 자에게는 화가 있으리라 (전 4 : 9~10)

그래 네 말이 맞아

남을 인정해 주기가 쉽지 않습니다. 더욱이 경쟁관계에서는 더 어렵습니다.
떡은 남의 것이 더 커 보이고 말은 내 말이 더 옳은 것 같은 것이 우리네
사람들의 속성인가 봅니다.

싸움은 대개가 내 말이 옳다고 우기는 데에서 시작됩니다. 아이들 싸움이나
어른 싸움이나 따지고 보면 다를 것이 없습니다. 네살박이와 다섯살박이
형제의 싸움이나 그들을 낳고 기르는 대학을 졸업한 부모의 싸움이나, 이
세상의 모진 풍파를 이기고 수많은 경험을 하신 할아버지 할머니의 싸움도
막상 풀어놓고 보면 간단합니다. 모두가 자기가 옳다는 것에서 생긴
일들입니다.

싸움을 멈추는 비결, 불행을 행복으로 바꾸는 비결, 불화를 화목으로 바꾸는
비결, 전쟁을 평화로 바꾸는 비결은 바로 "그래 네 말이 맞아"라는 작은
한마디입니다.

마른 떡 한 조각만 있고도 화목하는 것이 육선이 집에 가득하고
다투는 것보다 나으니라 (잠 17 : 1)

와, 대단하군요

잘 하는 것을 보면 갈채를 보내세요. 좋은 것을 보면 좋다고 하세요. 그러면

잘 하는 분의 기쁨을 나도 누리게 되고, 좋은 것의 주인이 나도 됩니다.

칭찬에 인색하면 마음이 건조해 집니다. 좋은 것을 보고도 좋아하지 않으면

심령이 죽습니다.

새벽길에 떠오르는 태양을 보셨나요? 퇴근길에 아름다운 노을을 보셨나요?

검은 아스팔트 위에 떨어진 노란 은행잎을 보셨나요? 흔히 보는

장면이더라도 꼭 한마디 하세요. "참 아름답군"

높은 산을 오르셨나요? 마음껏 소리치세요. 하나님의 솜씨를요.

좋은 연주를 들으셨나요? 마음껏 박수하세요. 좋은 음식을 대접 받았나요?

정성껏 감사하세요. 고층빌딩과 기계 문명 속에 갇혀버려서 참 사람의

존재를 잊기 쉬운 우리들을 기계가 아닌 사람으로 되돌려 주는 것이 바로

풍부한 감정의 유지입니다.

나의 평생에 여호와께 노래하며 나의 생존한 동안 내 하나님을 찬양하리로다 (시 104 : 33)

잘 결정하셨어요

무거운 짐을 싣고 언덕을 오르는 분의 뒤를 밀어보세요.

비록 어린아이가 밀더라도 얼마나 큰 힘이 되는지 모릅니다.

어려운 결정을 하고 어떻게 감당할지 몰라 염려하는 분에게 격려하세요.

"잘 결정하셨어요" "잘 하실 수 있을 거예요"

우리는 좋은 결정을 하고서도 힘겨워서 주저앉을 때가 많습니다.

내일부터 일기를 써야지

내일부터 성경을 읽어야지

내일부터 새벽기도를 나가야지

내일부터 담배를 끊어야지

내일부터 좋은 말 한마디씩 해야지

잘 결정하셨습니다.

잘 하시리라 믿습니다.

온량한 혀는 곧 생명나무라도 패려한 혀는 마음을 상하게 하느니라 (잠 15 : 4)

역시 생각이 깊으시군요

샘이 깊으면 물맛이 좋습니다. 산이 깊으면 신비함 또한 깊습니다. 생각이
깊으면 결과 또한 좋습니다.

생각이 깊은 분들이 있습니다. 그래서 큰일도 실수 없이 해냅니다. 생각이
깊은 분들이 많아야 살기 좋은 사회가 됩니다. 성수대교가 무너지고
삼풍백화점이 내려앉은 원인도 깊은 생각 없이 대충 대충한 결과의
산물이라고 생각합니다.

요즘의 문화는 생각할 것이 없는 얕은 문화인 것이 아쉽습니다. 청소년들이
즐겨듣는 단순한 리듬만이 반복되는 얕은 음악, 폭력과 흥미 위주로 생각
없이 보는 영화들, 좋아하는 특정 선수의 동작에만 환호하는 스포츠.
생각하게 하고, 인내하게 하고, 계획하게 하는 예술은 낡은 유물로 간주되고
마는 현실이 안타깝습니다.

깊이 생각해보는 시간을 가지세요. 오래된 산삼이 좋듯이 깊이있는 인생이
참 인생입니다.

말씀을 마치시고 시몬에게 이르시되 깊은 데로 가서 그물을 내려
고기를 잡으라 (눅 5 : 4)

마땅히 제가 해야 할 일인데요, 뭘

어느 목사님이 꿈에 천국엘 갔습니다. 하나님께서 목사님이 이 땅에서 한

일들을 기록한 책을 보여 주셨답니다.

목사님은 자신이 생각하기를 셀 수 없을 정도로 많은 일을 했다고

자부했습니다. 어려운 분들을 돕고 가난한 자의 친구가 되어주고, 몸으로,

물질로, 많은 자선사업을 했다고 자부하고 있었습니다. 그래서 아마도

자기의 업적이 몇 페이지에 빽빽이 기록되어 있으리라고 기대하며 책을

들여다보았습니다.

그런데 막상 책을 펴보니 단 3가지밖에는 기록이 없었습니다. 의아한

목사님이 하나님께 여쭈었습니다. "하나님 제 기록이 많이 누락된 것 같은데

다른 책에 기록하셨습니까?"

하나님께서 말씀하셨습니다.

"네가 세상에서 사람들 앞에 내보이고 박수 받은 것은 내게는 가치가 없어

모두 빼고, 네가 사람들 앞에 감추고 박수 받지 않은 것만 이 책에

기록하였느니라"

사람에게 보이려고 그들 앞에서 너희 의를 행치 않도록 주의하라 그렇지
아니하면 하늘에 계신 너희 아버지께 상을 얻지 못하느니라 (마 6 : 1)

글씨가 예쁘군요

작은 것이 아름답습니다. 작은 꽃일수록 자세히 들여다보면 작은 것들이 아름답습니다. 작은 꽃일수록 섬세하고 오묘한 아름다움이 감추어져 있습니다. 야생화를 촬영하느라 몇 년을 전국의 산야를 헤매이다 보면 아주 작은 꽃들을 발견합니다. 얼마나 작을까요? 와이셔츠 단추보다도 작고 때로는 토큰 구멍 만한 꽃도 있습니다. 마이크로 렌즈에 확대 링을 끼우고 돋보기 필터를 두 개 겹쳐야 카메라 화인다에 들어오는 작은 꽃입니다. 그러나 그 오묘하고 섬세한 아름다움은 비길 수 없습니다. 지친 몸의 피로가 사라집니다. 하나님께서는 작은 것일수록 적당히 내버려두시지 않고 정성을 쏟으시는 것 같습니다.

"글씨가 예쁘군요." 작은 발견이요 작은 정성입니다.

그러나 그 속에 감추어진 힘은 큽니다.

컴퓨터가 글을 대신 쓰는 시대일수록 예쁜 글을 많이 쓰세요.

그 주인이 이르되 잘하였도다 착하고 충성된 종아 네가 작은 일에 충성
하였으매 내가 많은 것으로 네게 맡기리니 네 주인의 즐거움에 참예할지
어다 하고 (마 25 : 23)

제가 부족해서 그렇습니다

부족함을 아는 사람이 넉넉한 사람입니다. 자기는 할 수 있는 것이 별로 없다고 생각하는 사람이 많은 일을 합니다.

자신을 죄인으로 아는 분이 의인이 될 수 있고 섬길 수 있는 분이 지도자도 될 수 있습니다.

재물이 많다고 해서 많이 구제하는 것도 아니고 많이 배웠다고 해서 잘 가르치는 것도 아닙니다.

자신의 부족함을 아는 자가 많이 구제하고 잘 가르치게 됩니다.

내 힘으로 얻는 것이 무엇일까요?

생명을 내가 얻었나요? 건강을 내가 얻었나요?

대한민국이라는 좋은 나라에 태어나 자유를 누리며 복되게 사는 것 내가 이룩했나요?

죄인이 구원받아 천국 백성이 되는 것 내 공로인가요?

하나님의 인사정책은 부족한 사람을 쓰시는 것입니다.

모세가 여호와께 고하되 주여 나는 본래 말에 능치 못한 자라 주께서 주의 종에게 명하신 후에도 그러하니 나는 입이 뻣뻣하고 혀가 둔한 자니이다 (출 4 : 10)

미처 깨닫지 못했습니다

몰라서 잘못할 경우가 있습니다. 그 잘못은 부끄러울 것도 없고 변명할 것도

없습니다. 그렇지만 우리는 이럴 때 자신을 솔직하게 표현하기를

주저합니다.

실수나 잘못을 인정하기보다는 핑계를 대거나 합리화시키려고 애쓰는

경우가 많습니다.

우리는 아는 것보다는 모르는 것이 훨씬 더 많습니다.

그러기 때문에 잘하는 것보다는 잘 못하는 것이 더 많습니다.

사람은 일생동안 부족합니다. 죽을 때까지 미완성입니다. 살아온 날을

뒤돌아보면 실수 투성이요 잘못 판단하여 남에게 손해를 준 일도

허다합니다.

이럴 때 솔직히 말하세요.

"미처 깨닫지 못했습니다. 다시 열심히 하겠습니다."

아담이 가로되 하나님이 주셔서 나와 함께 하게 하신 여자 그가 그 나무
실과를 내게 주므로 내가 먹었나이다 (창 3 : 12)

가르쳐 주셔서 감사합니다

사람은 평생을 배우며 삽니다. 걸음마를 배우고 말을 배웁니다. 글을 배우고
예절을 배웁니다. 사람이 무엇인지를 배우고 어떻게 살아야 하는지도
배웁니다.

팽팽하던 얼굴에 주름이 잡히고 검은머리 백발을 휘날려도 사람은 배우며
삽니다. 어디로 갈 것인지? 어떻게 가야할 것인지? 인생은 끊임없는 배움의
연속입니다.

우리에게는 수많은 스승이 있습니다. 부모도 스승이요, 형제도, 친구도,
선생님도, 때로는 어린아이도 스승이 됩니다.

산에 오르면 셀 수 없이 많은 스승을 만납니다.

나무도 스승이요, 바위도, 이슬도, 옹달샘도, 이끼도, 바위틈에 뿌리를 내린
작은 풀 한 포기도 훌륭한 스승입니다.

무엇보다도 이 모든 것을 창조하신 하나님은 가장 큰 스승입니다.

"가르쳐 주셔서 감사합니다."

은혜를 입은 사람의 마땅한 말입니다.

하늘이 하나님의 영광을 선포하고 궁창이 그 손으로 하신 일을
나타내는도다 (시 19 : 1)

곧 가겠습니다

누가 부르면 가는 것보다 곧 가는 것이 좋습니다.

누가 일을 시키면 하는 것보다 곧 하는 것이 좋습니다.

계획한 일이 있으면 상황 봐서 하는 것보다 곧 하는 것이 좋습니다.

가는 것과 곧 가는 것, 하는 것과 곧 하는 것은 큰 차이가 있습니다.

딸아이에게 일을 시키면 대답을 잘 합니다. 그러나 얼마 후에 보면 아직

안하고 있습니다. 불순종하려 하는 것은 아닌데 곧 안했기 때문에 잊어버린

것입니다.

다시 일러주면 "예"하고 곧 하는 경우도 있는데 "이것만 마저 하구요"하고

얼마지나면 곧 잊어버리고 맙니다.

곧 하세요. 곧 가세요. 곧 실천하세요.

곧 성공하실 거예요.

세월을 아끼라 때가 악하니라 (엡 5 : 16)

참 꾸준하시군요

얼마 전에 영락교회가 창립 50주년을 맞았습니다.

여러 가지 기념 행사와 시상 중 가장 눈길을 끌고 존경을 받은 장로님 한 분이 계셨습니다. 교회가 창립될 때부터 지금에 이르기까지 50년을 한결같이 한 주도 빠지지 않고 본 교회에서 예배를 드렸다는 것입니다. 그 한결같은 마음에 모두가 감동을 받고 눈물을 흘렸다는 소식을 들었습니다.

한가지 일에 최선을 다하여 한결같은 마음으로 봉사하는 것, 참으로 귀하고 아름다운 일입니다.

저도 그 장로님처럼 한결같기를 바라며 부족하지만 최선을 다하려 합니다. 감사하게도 성가대 28년, 주일학교 20년, 한 직장 한 부서 19년, 테니스 19년, 사진 촬영 22년을 계속하고 있습니다. 하나님께서 허락하시면 이 모두를 지속하고, 특히 성가대는 50년 이상을 하고 싶습니다.

좀 부족하더라도 한결같은 것, 귀한 일입니다.

아사의 마음이 일평생 온전하였더라 (대하 15 : 17)

그렇습니다

그렇습니다. 옳습니다. 지당하십니다. 남의 의견에 시원스레 동의하는 것, 참
좋은 일입니다.

남을 존경하는 것, 열심히 경청하는 것, 지지를 보내는 것, 힘껏 박수를
보내는 것, 참으로 귀한 일입니다.

중요한 약속 시간은 지나려 하는데 차가 서로 뒤엉켜 짜증날 때가 많으실
것입니다. 가슴은 답답하고, 욕은 목구멍까지 올라오고, 혈압은 올라 폭발할
것 같은 서울의 교통전쟁을 많이 겪으셨을 것입니다. 이러다가 갑자기 앞이
탁 트이고 시원스레 차가 신나게 앞으로 달려나갈 때 얼마나 상쾌하셨나요?
그렇습니다. 그 말씀 옳습니다. 이 한마디는 막혔던 길이 활짝 열리는 것과도
같습니다.

이제 인상쓰고 웅크려 있지 마세요.

"그렇습니다." 한 마디 하세요.

저희가 나와 너희 마음을 시원케 하였으니 그러므로 너희는 이런 자들을
알아 주라 (고전 16 : 18)

내가 당신 못 만났으면 어떻게 됐을까?

'잘못된 만남'이라는 노래가 선풍적인 인기를 누리고 음반 판매량이
기네스북에 오를 정도로 단시간 내에 전국을 강타한 일이 1995년도에
있었습니다.

행복한 만남이 아닌 잘못된 만남이 왜 이토록 인기를 끌게 되었는지 참 알
수 없는 일입니다. 어쩌면 행복한 만남을 만나지 못한 허전한 마음을 가진
사람들이 많다보니 이 허전함을 달래려고 오히려 잘못된 만남을 열창하게
되나 봅니다.

만남은 참으로 귀한 일입니다. 애굽은 요셉을 만나 복을 누렸고 니느웨는
요나를 만나 구원을 받았습니다. 나아만은 엘리사를 만나 고침을 받았고
삭개오는 예수님을 만나 아브라함의 자손이 되었습니다.

여러분은 누구를 만났습니까? 만남을 감사하세요. 그렇지만 가장 귀한
만남은 구원되신 예수님을 만난 것입니다.

예수님 저를 찾아오시고 만나주셔서 감사합니다.

이튿날 예수께서 갈릴리로 나가려 하시다가 빌립을 만나 이르시되
나를 좇으라 하시니 (요 1 : 43)

늘 감사하며 삽니다

사는 방법은 참 다양합니다. 늘 초조한 마음으로 사는 사람, 늘 불안 속에 사는 사람, 늘 무언가에 쫓기는 기분으로 사는 사람도 있습니다.

우리는 한번을 삽니다. 삶에는 연습게임이 없습니다. 그러기에 잘 살아야 합니다. 열심히 사는 것은 아주 좋습니다. 그러나 그저 열심히만 살다보면 실수도 많고 남에게 피해를 줄 수도 있습니다. 부지런히 사는 것도 아주 좋습니다. 그러나 단지 부지런한 것만으로는 훌륭한 삶이라고 할 수 없습니다.

가장 귀한 삶은 바로 감사하며 사는 것입니다.

나와 관계되어 있는 모든 분께 감사하며 살아보세요.

최고의 삶이 될 것입니다.

여호와께 감사하라 그는 선하시며 그 인자하심이 영원함이로다 (시 107 : 1)

아름다운 추억을 안고 삽니다

눈을 감으면 옛 추억이 생생하게 떠오릅니다.

개울에서 가재 잡던 일, 소 몰고 들길을 걷던 일, 미꾸라지 잡던 일, 메뚜기를
잡아 구워먹던 일, 고무신을 허리에 차고 맨발로 달리던 일, 우산이 없어
오동나무 잎을 꺾어서 받치고 다니던 일, 구슬이 없어 진흙으로 둥글게
빚어서 구슬치기하던 일, 얼음판 위에서 팽이 치던 일, 먹을 것이 없어
소나무 껍질과 풀뿌리를 캐먹던 일, 차라고는 1년에 한 번 들어오는 트럭이
신기해서 휘발유 냄새 더 맡으려고 코를 땅에 대던 일, 트럭이 지나갈 때
나는 흙먼지를 더 많이 마시려고 입을 크게 벌리고 따라 뛰던 일, 고드름을
아이스크림 먹듯 먹던 일, 얼음 조각을 손목 위에 올려놓고 누가 오래 견디나
내기하던 일, 뱀을 가시나들(여학생) 책보따리(책가방) 속에 넣어주던
일····. 셀 수 없이 수많은 추억들이 파노라마처럼 지나갑니다.

좋은 추억을 만드세요. 그리고 그 아름다운 추억을 안고 사세요. 하루하루가
즐거울 것입니다.

여호와의 인자하심과 인생에게 행하신 기이한 일을 인하여
그를 찬송할지로다 (시 107 : 15)

그때만 생각하면 웃음이 납니다

잊고 싶은 어두운 추억이 있습니다. 생각만 해도 가슴이 답답한 힘들었던 추억도 있습니다. 그러나 좋은 추억도 많습니다. 웃음이 절로 나는 추억, 생각하면 힘이 나는 아름다운 추억도 많습니다. 소꿉 친구들의 추억, 수학 여행에서의 추억, 학창 시절의 꿈많던 추억, 단칸 셋방살이의 매운 추억 등 아스라한 기억 속의 즐거운 추억들이 많습니다.

어두운 추억은 지워 나가세요. 그리고 좋은 추억을 꺼내 놓고 마음껏 웃어 보세요. 그때의 일로 되돌아가 웃어 보세요. 가끔은 옛 추억을 되살려 보며 혼자 웃곤 합니다.

누가 본다면 어딘가 부족한 사람이라고 볼지도 모릅니다.

그러나 어떻습니까? 아름다움을 즐기는 나만의 시간인걸요.

> 네 하나님 여호와께서 이 사십 년 동안에 너로 광야의 길을 걷게 하신
> 것을 기억하라 이는 너를 낮추시며 너를 시험하사 네 마음이 어떠한지
> 그 명령을 지키는지 아니 지키는지 알려 하심이라 (신 8 : 2)

그때 그분 지금은 무얼 하고 계실까?
참 좋은 분이었는데

세상에 믿을 사람 없다고요? 아닙니다. 좋은 분들도 참 많습니다. 아무런
자기의 욕심도 없이 도와주고 사랑해주신 분들도 많습니다.

어릴 때 병원도, 약국도 없는 산골에서 아플 때면 30리 길을 가서 주사약을
사다가 주사를 놓아주신 이웃 어른이 계십니다. 개울물이 불어
서성거리노라면 등에 업고 건네주신 이름 모를 분들도 많습니다. 서울
올라오는 날 동구 밖에서 공부 잘 하라고 하시며 보리개떡 꾸러미를
건네주시는 동네 아주머니도 계셨습니다. 빨간 앵두가 하도 탐스러워
물끄러미 쳐다보노라면 얼른 손목 잡아끌고 들어가서는 두손에 가득
따주시며 웃으시던 할머니도 계셨습니다. 시린 손 비벼가며 썰매 타는
얼음판에 뜨거운 군고구마를 주고 가시는 할아버지도 계셨습니다.

아마도 그분들 중에는 이 땅에 계시지 않은 분들이 많으실 것입니다. 은혜를
베푸신 분들을 기억하세요. 작지만 결코 작지 않은 은혜입니다.

　　그 안에 뿌리를 박으며 세움을 입어 교훈을 받은 데로 믿음에 굳게 서서
　　감사함을 넘치게 하라 (골 2 : 7)

웃으며 삽시다

왜 찡그리세요? 좋은 얼굴 가지고 일그러뜨리지 마세요.

웃으세요. 활짝 웃으세요. 웃을 일이 없다고요? 웃을 기분이 아니라고요?

울어도 시원찮을 일이라고요? 살다보면 괴로운 일도 많겠지요. 그렇다고

잔뜩 찡그리고 인상쓴다고 어디 해결됩니까? 점점 더 괴로움은 더하겠지요.

웃어보세요. 억지로라도 웃어보세요.

불행은 찡그리는 얼굴을 따라 우리 집으로 들어오고, 행복은 웃는 얼굴을

따라 들어옵니다. 생선가게 들러오면 바닷내가 묻어오고, 불고기집 들러오면

불고기 냄새가 묻어 오듯이 좋은 것도 나쁜 것도 우리의 입모습 보고 따라

들어옵니다. 문고리를 잡기 전에 나쁜 것은 털어버리세요. 그리고 웃음을

담고 문을 여세요.

이제 웃으며 사세요.

그 노염은 잠간이요 그 은총은 평생이로다 저녁에는 울음이 기숙할지라도
아침에는 기쁨이 오리로다 (시 30 : 5)

제 고향은 참 좋은 곳이에요

내가 태어난 곳, 내가 자라온 곳은 귀합니다. 비록 보잘 것 없는 곳일지라도
귀한 것입니다. 자랑할 만한 명승고적도 없고, 내놓을만한 위인이 그곳에는
없다 하더라도 귀한 것입니다. 왜냐하면 나의 시작이기 때문입니다.
나무는 뿌리가 중요합니다. 샘도 솟아나는 바로 그 원천이 중요합니다.
고여있는 물이 사람들의 갈한 목을 시원케 하지만 저 밑에서 솟아나는
원천이 있기에 가능한 것입니다.

제 고향은 산너머 산, 재너머 재, 강건너 강을 건너야 하는 산골입니다.
인간의 문명이라는 것이라곤 책과 연필밖에는 없는 곳이었습니다. 밤이면
흐린 호롱불로 겨우 서로의 얼굴을 확인할 정도로 어두웠습니다. 그러나
사람들의 마음만은 태양보다도 밝고 순수했습니다.
제 고향은 참 좋은 곳입니다.

무화과 나무에는 푸른 열매가 익었고 포도나무에는 꽃이 피어 향기를 토
하는구나 나의 사랑, 나의 어여쁜 자야 일어나서 함께 가자 (아 2 : 13)

곧 나으실 것 같아요

현대인은 무거운 짐을 지고 살아갑니다. 질병의 짐, 가난의 짐, 걱정근심의 짐, 자녀 입학의 짐, 사업 부도의 짐 등 셀 수 없이 많은 짐을 지고 언덕길을 헐떡입니다.

직장인은 스트레스에 시달리고 사업가는 자금에 시달립니다. 학생은 시험에 시달리고 부모는 학비 조달에 시달립니다.

모두가 지치고 힘들게 인생의 언덕길을 오르고 있습니다. 지친 사람에게는 작은 방해가 KO로 끌고 갈 수 있고, 작은 도움이 무한한 힘이 됩니다.

무거운 짐을 수레에 싣고 언덕을 오르는 할아버지를 살짝만 밀어보세요. 너무나 쉽게 올라갑니다. 비록 어린아이가 밀더라도 얼마나 도움이 되는지 모릅니다. 그러나 살짝만 잡아당겨 보세요. 그만 주저앉고 맙니다.

격려하세요. 곧 나으실 것 같아요. 전보다 훨씬 좋아지셨어요. 몰라보게 좋아지셨어요.

너희가 짐을 서로 지라 그리하여 그리스도의 법을 성취하라 (갈 6 : 2)

훌륭한 부모님 밑에서 자랐습니다

자녀가 부모님을 존경하고 높이는 것은 너무나 당연한 .일입니다. 부모님은
모두가 다 훌륭하신 분들입니다. 생명을 이어 주시고 사랑을 알게 해
주셨습니다.

아버님은 지금 천국에 계십니다. 우리 마을에서 처음으로 예수를 믿으시고,
시계도 라디오도 없어 세월이 어떻게 흐르는지 모르는 심심산골에서 새벽
6시와 낮 12시에 종을 치셨습니다. 뒷동산 소나무에 종을 매달고 비가 오나
눈이 오나 종밑에 엎드려 기도하시고 종을 치셨습니다. 6시 종소리를 듣고
일꾼들은 일어나고 12시 종소리를 듣고 아낙네들은 점심준비를 했습니다.
아무리 먼 밭에 나가 일하시다가도 12시 종 칠 시간이 되시면 일손을 놓고
1시간을 달려가 종을 치셨습니다. 이 새벽 종소리는 멀리 10리 밖에서도
들렸다고 합니다. 새벽종을 치시고는 천지도 모르고 자고 있는 자식들을
깨우셔서 새벽 기도를 드리셨습니다. 그때는 얼마나 싫었는지 모릅니다.
아버님의 기도로 형님은 목사가 되어 목회를 하고 있습니다. 지금도 무등을
태우시고 들길을 걸어오시던 아버지가 이 볼펜 넘어 아련히 보입니다.
아부지이 -

네 아버지와 어머니를 공경하라 이것이 약속 있는 첫 계명이니 (엡 6 : 2)

그 선생님 얼굴이 지금도 생생합니다

선생님 없이 오늘까지 살아오신 분이 있으면 손들어 보세요. 비록 학교를 안
다녔다 하더라도 우리에게는 선생님이 있습니다. 천둥도 선생님이요,
무지개도, 바람도, 이슬도 모두 우리의 선생님입니다.

어릴 적 선생님 한 분이 옆집에 사셨습니다. 학교를 가자면 1시간을
헐레벌떡 걸어야 합니다. 들을 지나고, 개울을 건너고 저수지를 세 개 지나고
고개를 두 번 넘어야 학교에 갑니다. 옆집 선생님이 집을 나서시면 아이들이
따라 나섭니다. 선생님을 따라가는 재미가 있어서입니다.

그 선생님은 키가 장대처럼 크고 다리는 롱다리였습니다. 또 걸음은 얼마나
빠르신지 타조가 뛰는 것 같았습니다. 아이들은 선생님의 걸음을 따라
헐레벌떡 달리는 재미에 곧잘 따라 나서곤 했습니다. 얼마간은 숨이 턱에
차도록 쫓아가지만 10분이 못되어 우리는 주저 앉곤 했습니다.

그 선생님 얼굴이 지금도 생생합니다. 특히 그 롱다리가···.

내가 옛날을 기억하고 주의 모든 행하신 것을 묵상하며 주의 손의 행사
를 생각하고 주를 향하여 손을 펴고 내 영혼이 마른땅 같이 주를 사모하
나이다 (시 143 : 5~6)

그 친구 참 개구쟁이였는데··· 보고 싶어요

옛 친구를 생각하면 웃음이 절로 납니다. 옆집에 개구쟁이 친구가
있었습니다. 학교도 같이 가고, 소도 같이 먹이러 가고, 메뚜기도 가재도
같이 잡으러 다녔습니다. 개구리도 많이 잡고 뱀도 어림잡아 500마리는
잡았을 것입니다. 아무런 장난감이 없으니 곤충들이 가장 좋은 천연
장난감인 셈입니다.

그 친구는 참 개구쟁이였습니다. 연을 날리면 일부러 줄이 얽히게 해서
끊어먹고 높은 벼랑에 서면 누가 오줌을 더 세게 누어서 오줌줄기가 더
멀리가나 내기하기도 했습니다. 개구리를 빈 도시락 속에 넣어두기도 하고
개미를 옷속에 집어넣기도 했습니다. 우리 집 싸리문 앞에 구덩이를 파고
나뭇잎으로 덮은 후 흙을 뿌려서 함정을 만들고 돌담 너머서 숨어
기다리다가 할머니가 빠져서 혼이 난적도 있습니다.

그 친구 소식이 끊긴 지 30년이 넘었습니다. 얼굴을 못 본 지 10년이 세 번
지났습니다.

친구야!! 보고 싶구나.

우리에게 우리 날 계수함을 가르치사 지혜의 마음을 얻게 하소서 (시 90 : 12)

그때 그 교회 종소리가 지금도 들리는 것 같아요

서울의 새벽에는 종소리가 없어졌습니다. 닭 울음소리도 없어졌습니다.
예전에는 새벽 종소리가 있었습니다. 새 아침이 밝아오는 경건한 시간,
하루가 열리는 조용한 시간에 들려오는 새벽 종소리는 우리 모두들
되돌아보게 하는 하나님의 음성과도 같았습니다.
그러나 지금은 질주하는 자동차 소리, 온갖 기계가 뿜어내는 소음으로
가득차 있습니다.

이제 귀를 과거로 돌리세요. 고향의 언덕으로 돌리세요. 눈을 감고 마음의
귀를 열어서 종소리를 들으세요.
제게는 빛바랜 흑백사진이 하나 있습니다. 시골의 교회 종탑 밑에서 눈을
지긋이 감은 채 앞터진 바지를 입고 서있는 세 살 적 사진입니다. 지금도 그
사진을 바라보노라면 그때 그 교회 종소리가 들려옵니다.
댕그렁, 댕그렁, · · · .

우리가 바벨론의 여러 강변 거기 앉아서 시온을 기억하며 울었도다 (시 137 : 1)

절 / 망 / 이 / 소 / 망 / 으 / 로

우리 생활 주변에서 지금껏 가리지 않고
마구 내보낸 말들이 얼마나 많을까?
한 가정에서 전등 하나를 끄면
수억의 자원이 절약되듯이
우리 한 사람 한 사람이 매일 좋은 말을
한 마디씩이라도 한다면,
이 땅이 얼마나 밝아질까?

·입·술·의·열·매· I ·약·(藥)·이·되·는·말·

언제나 웃음을 잃지 않으시군요

잘 생긴 얼굴보다는 웃는 얼굴이 더 좋습니다. 잘 생긴 남자가 되기보다는
웃는 남자가 되도록 힘쓰세요. 미녀가 되기 위해 지나치게 애쓰지 말고
미소로 화장을 하세요. 겉으로 바르는 화장품은 세계 최고로 바르고 또
발라도 살짝 웃는 미소를 따를 수 없습니다.

웃으세요. 코미디를 보고 표면적으로 잠시 웃고 마는 그런 웃음이 아닌,
속에서 배어나오는 웃음을 웃으세요. 요즘 유행하는 우스개 소리에 자지러질
듯이 잠시 웃고는 금방 또 굳어지는 그런 웃음보다는 감사가 배어있고
양보와 이해가 배어있는 그런 웃음을 웃으세요.
언제나 환경을 초월해서 웃음을 잃지 않는 분들이 있습니다. 이런 분들이
거리에 많을 때 거리가 밝아지고 이런 분들이 가정에 많을 때 가정이 밝아질
것입니다.
내가 바로 그 사람이 됩시다.

사람이 먹고 마시며 수고하는 가운데서 심령으로 낙을 누리게 하는 것보
다 나은 것이 없나니 내가 이것도 본즉 하나님의 손에서 나는 것이로다
(전 2 : 24)

베풀어주신 호의를 잊지 않고 있습니다

사람은 태어나면서 숨을 거둘 때까지 도움을 입고 살아갑니다. 아니 죽은
후에도 많은 도움을 입고 본향으로 들어갑니다. 짐승도 도움을 입긴 하지만
사람과는 다릅니다.

시골집 소가 송아지를 낳는 것을 몇 번 보았습니다. 낳은지 한나절이 지나면
비틀거리며 일어서려 하고 하루만 지나면 몸을 가누고 일어섭니다. 그리고
또 하루만 더 지나면 걷습니다. 얼마나 빠른지 모릅니다. 며칠이 지나면
걷기도 하고 뛰기도 합니다.

사람은 어떻습니까? 얼마나 많은 보호와 보살핌이 따라야 하는지 모릅니다.
많은 시간이 흘러야 겨우 걷습니다. 학교를 가도, 졸업을 해도, 직장을
가져도, 결혼을 해도, 끝없는 도움의 손길 속에 삽니다. 여든이 넘은
어머니가 환갑을 넘긴 아들에게 "차 조심하거라." 하시는 것을 보아도 사람은
끝없는 도움 속에 사는 것이 분명합니다.

내게 베푸신 많은 손길을 잊지 말고 감사하세요.

여호와께서 내게 주신 모든 은혜를 무엇으로 보답할꼬 (시 116 : 12)

다 하나님께서 주신 것이죠

신자와 불신자를 어떻게 구별할까요?

"하나님께서 주신 것 가지고 삽니다"라는 분들을 신자라 부릅니다.

"내 손으로 힘써 벌어서 살고 있습니다"라는 분들을 불신자라 부를 수

있습니다. 두 부류의 사람들 모두 부지런하고, 같은 세상, 같은 아파트, 같은

조건 속에서 별차이 없이 사는 것 같습니다. 그러나 근본을 따지고 들어가면

엄청난 차이가 있습니다. 비교할 수 없이 커다란 차이가 있습니다.

햇빛과 공기, 눈, 비, 이슬, 자연을 즐길 수 있는 모든 축복들은 모두에게

주어진 일반 은혜지만, 하나님의 자녀와 마귀의 자녀, 천국과 지옥, 영생과

영벌, 의의 심판과 멸망의 심판은 너무나도 큰 차이입니다. 말 한마디의

차이가 이렇게 사람을 크게 갈라 놓을 수 있을까요?

오늘도 생명 있음은 하나님의 은혜입니다.

각양 좋은 은사와 온전한 선물이 다 위로부터 빛들의 아버지께로서 내려
오나니 그는 변함도 없으시고 회전하는 그림자도 없으시니라 (약 1 : 17)

그 말씀 늘 마음에 새기고 있습니다

세월이 많이 흘러도 변치 않고 오래오래 간직하는 방법이 있습니다. 그것은
돌에다 새기는 방법입니다. 바닷가 모래 위에 쓰면 몇 초를 넘길 수 없고,
종이에나 가죽에 써도 변색하거나 훼손되기 쉽습니다. 그러나 돌에다 깊이
새겨놓은 글자는 몇 백년이 지나도 그 모습을 찾아 볼 수 있습니다.
돌보다 더 견고하고 오래오래 간직되는 방법이 또 하나 있습니다. 그것은
우리들의 마음판에 새기는 것입니다.
하나님께서 모세에게 새겨주신 두 돌판은 지금 찾을 길이 없지만 마음판에
새겨주신 말씀들은 수천 년을 지난 오늘도 변함없이 살아 움직이고
있습니다.
말씀을 마음판에 새기세요. 힘이 됩니다.
세상의 그 어떤 무기보다 더 큰 능력이 됩니다.

> 오늘날 내가 네게 명하는 이 말씀을 너는 마음에 새기고 네 자녀에게
> 부지런히 가르치며 집에 앉았을 때에든지 누웠을 때에든지 일어날 때
> 에든지 이 말씀을 강론할 것이며 (신 6 : 6~7)

제게 주신 은혜에 만족합니다

사람의 욕심은 한이 없습니다.

모든 강물은 다 바다로 흐르되 바다를 채우지 못함같이 눈은 보아도 족함이
없고 귀는 들어도 차지 않습니다. 말 타면 종 부리고 싶고, 앉으면 눕고
싶습니다. 자전거 한 대만 있으면 소원이 없겠다던 사람은 막상 갖고 보면
자가용이 눈앞에서 떠나지 않습니다. 단칸방이라도 좋으니 내 집만 있으면
여한이 없겠다고 큰 소리쳐도 막상 단칸방 창문 너머 보이는 30평 아파트가
눈이 시리도록 아른거리는 것이 사람입니다.

적당한 욕심은 발전을 가져옵니다. 형편과 처지에 따라 브레이크를 밟을
수만 있다면 욕심도 필요하겠지요? 그러나 욕심이라는 승용차에는
브레이크가 없습니다. 어디엔가 크게 부딪혀야 서는 것이 대부분입니다.
브레이크를 밟으세요. 그리고 만족하세요. 감사하세요. 그래야 참 기쁨이
찾아옵니다.

내가 비천에 처할 줄도 알고 풍부에 처할 줄도 알아 모든 일에 배부르며
배고픔과 풍부와 궁핍에도 일체의 비결을 배웠노라 (빌 4 : 12)

언제나 새로워 보이시네요

우리는 반복되는 삶을 살고 있습니다. 어제 했던 일을 오늘 또 하고 오늘 한 일들을 내일 또 할 것입니다. 어떻게 보면 지루하고 답답한 일입니다.

전혀 새로울 것도 없고 아무런 의미도 없는 것 같이 느낄 때도 있습니다.

그러나 반복되는 일과에서도 새로움을 찾을 수 있습니다. 일을 즐기며 할 수 있습니다. 의미를 부여하세요. 성취감을 찾으세요. 하나님께서 내게 주신 독특한 일이라고 생각해 보세요. 하나님께서 창조하신 작품의 한 부분을 쓸고 있다고 감사한 어느 환경미화원처럼 말입니다.

똑같이 반복되는 일과 중에서도 언제나 웃으며 일하는 분들이 있습니다.

그런 분들을 보면 언제나 새로워집니다.

새로워지세요. 마음의 창을 여세요.

너희는 이 세대를 본받지 말고 오직 마음을 새롭게 함으로 변화를 받아 하나님의 선하시고 기뻐하시고 온전하신 뜻이 무엇인지 분별하도록 하라 (롬 12 : 2)

언제나 솔선수범하시는 것을 보면 은혜가 됩니다

군인의 가장 많이 하는 일 중 하나가 줄서는 일입니다. 줄은 모일 때마다
섭니다. 어떤 일을 하든지 먼저 하는 일이 바로 줄서는 일입니다. 줄을 서야
인원 파악이 되고 이동하고 교육하고 훈련을 할 수 있습니다. 뒤쪽으로 서는
사람이 있습니다. 앞쪽에 서는 사람들은 불이익을 당할 때가 많습니다.
지적도 받기 쉽고 무거운 것을 들고 갈 확률도 높습니다. 그래서 눈치 빠른
친구들은 뒤로 쳐지든지, 뒤에서 끊어 나올까봐 중간쯤 섭니다. 요령을 잘
피우면 우선은 이득이 있는 것 같습니다. 그러나 생각하세요. 요령은 일생을
멍들게 합니다. 생각도, 사상도, 성격도, 인격도, 신용도, 신뢰도 멍들게
됩니다. 자신이 전혀 모르고 있는 사이에 아무런 통증도 없이 병들게
만듭니다. 앞줄로 서세요. 솔선수범하세요. 지적도 받으세요. 때론 불이익도
당하세요. 그래야 승리합니다.

이 모든 일에 전심전력하여 너의 진보를 모든 사람에게
나타나게 하라 (딤전 4 : 15)

용서하세요

용서하세요. 무슨 일이든지 얽어매지 말고 풀어 나가세요. 우리네
인생살이가 얼마나 복잡합니까? 가만있어도 얽히고 꼬이는 게 일인데,
거기다가 스스로 더 끌어들여 얽어맬 필요는 없습니다. 예수님은
용서하시려고 오셨습니다. 얽히고 꼬인 문제들을 풀러 오셨습니다. 죄에
얽힌 우리들, 원한으로 묶인 우리들, 원망과 시기, 질투로 매여있는 우리들을
풀러 오셨습니다. 그리고 십자가에서 피흘려 모든 것을 풀어 주셨습니다.
용서하여 주셨습니다.

그런데 우리는 잘 용서하지 못합니다. 힘이 있으면 보복하고 힘이 없으면
어디 두고보자 하고 마음에 담아두고 삽니다. 언젠가 기회가 오면 갚겠다는
것입니다.

진정한 용기는 용서입니다. 가장 마음이 넓은 사람이 할 수 있는 것이 바로
용서입니다.

용서하세요.

이에 예수께서 가라사대 아버지여 저희를 사하여 주옵소서 자기의 하는
것을 알지 못함이니이다 하시더라 (눅 23 : 34)

은혜 받았습니다

사람은 은혜로 삽니다. 은혜가 아니었다면 이 세상에 존재할 사람은 아무도

없습니다. 부모님의 은혜, 스승의 은혜, 가족과 친지의 은혜, 하나님의

은혜로 삽니다. 은혜받은 사람이 해야 할 일은 물론 은혜에 보답하며 사는

일입니다. 그러나 우리는 받은 은혜에 비하면 십분의 일, 아니 백분의 일도

갚지 못합니다. 부모님의 은혜에도 말할 것 없고 우리를 구원하신 하나님의

은혜에는 말할 것도 없습니다.

24시간을 한잠도 자지 않고 10년을 열심히 일한다 해도 나를 위해 피흘리신

예수 그리스도의 은혜는 갚을 길이 없습니다. 가장 좋은 은혜의 보답은

마음이라고 생각합니다. 말이라고 생각합니다.

"은혜에 감사합니다. 은혜 받았습니다."

우리가 그리스도 안에서 그의 은혜의 풍성함을 따라 그의 피로 말미암아
구속 곧 죄사함을 받았으니 (엡 1 : 7)

저 때문에 고생 많으셨지요?

나 때문에 고생하시는 분들이 참 많습니다.

어제의 피곤을 채 풀기도 전에 또 부엌에 서 계시는 어머니, 교통 지옥을 헤치며 일터로 나서시는 아버지, 매연이 가득한 거리를 핸들을 잡고 누비시는 버스기사 아저씨, 추위와 더위를 온몸으로 받으며 사거리에서 교통정리를 하시는 교통 경찰관 아저씨, 위험을 무릅쓰고 거리를 청소하시는 미화원 아저씨, 자신의 생명을 돌아보지 않고 불 속으로 뛰어드는 소방관 아저씨, 영하 20도가 넘는 혹한에 국방을 지키는 국군 아저씨, 화장실로 복도로 궂은 일을 미소로 감당하시는 미화원 아주머니, 그분들의 직업이 그러니까 하는 것으로 생각하지 마세요. 자기들의 생계를 위한 수단으로 보지 마세요. 모두가 나의 편리를 위해 나를 위해 고생하시는 분들이라는 시각으로 보세요. 그리고 따뜻한 한마디를 보내세요.

"수고 많으십니다."

귀를 지으신 자가 듣지 아니하시랴 눈을 만드신 자가 보지 아니하시랴
(시 94 : 9)

결심이 대단하시군요

좋은 일에는 결심이 필요합니다. 대단한 각오와 결단이 있어야 가능합니다.
그러나 나쁜 일은 아무런 결심이 없이도 잘 됩니다. 매일 아침 조깅을 하는
것도 보통 결심으로는 되지 않습니다.

도시인들은 운동할 시간이 없어서 에스컬레이터나 엘리베이터를 이용하지
않고 계단을 걸어서 오르려 해도 웬만한 결심이 없이는 불가능합니다.
아파트 12층에 사는 저는 계단을 걸어서 오르내립니다. 그러나 이 결심을
어기고 엘리베이터를 탈 때가 많습니다. 조금만 짐이 있어도, 조금만
피곤해도 엘리베이터 단추로 손이 갑니다.

일기를 쓰는 일도 쉽지 않습니다. 초등학교 시절부터 대학에 들어가기까지
하루도 일기를 거르지 않은 학생이 있었습니다. 대학에 들어간 바로 며칠 후
생전 처음 술에 취해 밤늦게 집으로 들어왔습니다. 어머니는 기가
막혔습니다. 공든 탑이 무너지고 배신감이 온몸을 사로잡았습니다. 믿었던
모범생 아들의 뒷모습을 허탈감으로 바라보던 어머니의 눈이 빛났습니다.
아들의 앞에는 일기장이 펼쳐져 있었고 자신의 연약한 결심을 반성하는
일기가 그 늦은 밤에도 어김없이 쓰여지고 있었습니다.

형제들아 너희는 선을 행하다가 낙심치 말라 (살후 3 : 13)

이 경기는 너 때문에 이긴 것 같아

요즘은 농구가 최고의 인기 스포츠 중 하나입니다. '오빠 부대'란 말이
생겨날 정도로 경기장은 열기로 가득합니다. 선수들의 애칭도 다양합니다.
'농구천재 허재', '코트의 황태자 우지원', '날으는 피터팬 김병철', '한국의
찰스 바클리 현주엽' 등 선수들의 움직임 하나하나에 환호와 한숨이
교차합니다.

그런데 스타는 역시 자신이 골을 잘 넣기도 하지만 동료에게 기회를 많이
만들어 줍니다. 그리하여 팀에 활기를 불어넣고 사기를 높여 줍니다.

경기가 끝난 후 땀으로 뒤범벅이 된 채 서로 어깨를 툭툭 치며 마주보고
웃고 나오는 광경을 많이 봅니다. 소리는 들리지 않지만 저는 마음속으로 그
소리를 느껴보곤 합니다.
"이 경기는 너 때문에 이긴 것 같아."

형제를 사랑하며 서로 우애하고 존경하기를 서로 먼저하며 (롬 12 : 10)

네가 같이 가주면 훨씬 더 즐거울거야

같이 가면 즐거운 사람이 있습니다. 먼길을 가더라도 지루하지 않습니다.
꼭 말을 재미있게 해서가 아니라 분위기를 편안하게 해주는 사람이
있습니다. 한 달에 한 번씩 산을 오릅니다. 그때마다 같이 가주었으면 하는
사람이 있습니다. 그분이 같이 가게 되면 기대가 되고 산행이 더욱
즐겁습니다. 그러나 그분이 사정이 있어 빠진다고 하면 어딘지 허전한
생각이 듭니다.

우리는 어떠한 사람이 되어야 할까요? 나는 어떤 존재가 되어야 할까요?
내가 끼면 분위기가 썰렁해져서 남들이 내가 끼기를 은근히 싫어하지는
않을까요?
아니면 내가 같이 가주기를 모두가 바라고 기다리고 있을까요?
평화를 만드는 사람이 되세요.
내 욕심보다는 전체를 위해서 분위기를 좋게 하는 여름 가뭄에 냉수 같은
사람이 되세요.

오 형제여 나로 주안에서 너를 인하여 기쁨을 얻게 하고 내 마음이
그리스도 안에서 평안하게 하라 (몬 1 : 20)

나는 네가 자랑스럽단다

열 번 꾸중하는 것 보다 한 번 칭찬하는 것이 더 좋다고 합니다. 그러나

칭찬하기가 쉽지 않습니다. 기대가 커서 그런지, 아니면 욕심이 많아서

그런지 좀처럼 만족하기 힘들고 그러다 보니 칭찬에 인색해지게 됩니다.

칭찬이 좋은 줄 알면서도 잘 되지 않는 것은 참 묘한 일입니다.

딸아이가 하나 있는데 착하고 무던합니다.

성격도 원만하고 요즘 아이들 같지 않게 양보도 잘하고 순진한 편입니다.

그런데도 칭찬이 잘 안 나옵니다.

꾸중하고, 나무라고, 잔소리를 많이 하는 자신을 종종 발견합니다.

칭찬 좀 해 주어야지 하고 방에 들어가 보면 어수선하게 어질어진 방을

보고서는 칭찬하러 들어갔다가 반대로 꾸중을 하고 나오는 때가 많습니다.

이제는 칭찬을 더 많이 해야겠다고 생각해 봅니다.

서로 좋은 일 아니겠어요?

너는 동산의 샘이요 생수의 우물이요 레바논에서부터 흐르는
시내로구나 (아 4 : 15)

너는 우리에게 귀중한 존재야

누구에게나 귀중한 존재가 된다면 얼마나 좋을까요?

어느 곳에서든지 귀중한 존재가 된다면 또 얼마나 좋을까요?

어떤 일이든지 그 사람이 없으면 아쉬울 정도로 귀중한 존재가 된다면 참

좋은 일입니다.

한국 축구에는 차범근이 귀한 존재입니다. 한국 야구에는 선동렬이 귀한

존재이겠지요. 그리고 한국 마라톤에는 손기정 옹과 황영조가 역시 귀한

존재일 것입니다.

그러나 귀한 존재란 꼭 커다란 업적을 이루어 놓아야만 되는 것은 아닙니다.

가정에서는 가족들에게, 학교에서는 친구들간에, 회사에서는 동료들간에,

모임에서는 회원들간에 자신을 낮추고 남을 높이면 바로 귀중한 존재가

되는 것입니다.

그리고 그런 사람을 보면 칭찬을 아끼지 마세요.

"너는 우리에게 귀중한 존재야"

누가만 나와 함께 있느니라 네가 올 때에 마가를 데리고 오라 저가 나의
일에 유익하니라 (딤후 4 : 11)

네 노래소리는 언제나 아름답구나

소프라노 조수미를 일컬어 "신이 주신 목소리"라고 칭찬합니다.

사람들 중에는 타고난 미성이 있습니다. 그래서 그 목소리로 많은 사람의

심금을 울리고 있습니다.

마리오란자, 마리오 델 모나코, 쥬세페 디 스테파노, 루치아노 파바로티,

플라치도 도밍고, 호세 카레라스, 마리아 칼라스, 레나타 테발디, 죤

서덜랜드, 네레사 베르간자 등 수많은 목소리들이 우리를 감동시켜

왔습니다. 다행스럽게도 우리는 오디오라는 무대를 집안에 갖추어 놓고 이미

고인이 되었거나, 몇십 억을 들여도 초청하기 어려운 당대 최고의

목소리들을 간단한 리모콘 하나로 불러냈다 들여보냈다 하고 있습니다.

그러나 아무리 비싼 오디오라도 몇 천만 원 짜리 고급 스피커로도 들을 수

없는 음이 있습니다. 바로 생음입니다. 바로 내 주변에서 들려오는 생생한

소리들, 어머니의 찬송 소리, 아이들의 노래 소리, 설거지하는 부인의

흥얼거리는 노래 소리, 이것이 바로 최고의 소리가 아닐까요?

그때에 우리 입에는 웃음이 가득하고 우리 혀에는 찬양이 찼었도다
열방 중에서 말하기를 여호와께서 저희를 위하여 대사를 행하셨도
다 하였도다 (시 126 : 2)

이 음식점은 언제나 최고예요

눈덮힌 설악산 촬영을 나섰습니다.

인제를 지날 때만 해도 맑던 날씨가 원통을 지나면서 눈보라로
바뀌었습니다. 용대리 백담사 입구에서 차를 내리자 점심시간이 되었습니다.
SBS에서 방영한 "맛이 있는 집"이란 현수막을 내건 한 음식점을
들어섰습니다. 통나무 문을 밀고 들어서자 바하의 무반주 첼로곡이 은은히
울려 퍼지고 있었습니다. 멀리 순백의 설악을 내다보며 듣는 바하의
첼로곡은 진한 감동으로 다가 왔습니다.

연세 음대 첼로를 전공한 부부가 속세를 떠나 산속으로 들어와 자연과
더불어 생활하고 있었습니다. 벽에는 부부와 아이들이 설악산 계곡에서
시냇물과 새소리, 바람소리를 오케스트라로 삼고, 바위와 나무들을 청중
삼아 연주하는 사진이 걸려 있었습니다. 정성껏 내어놓는 두부백반 역시
별미였습니다. 보통 배만 만족하고 나오는 음식점과는 달리 배와 눈과
귀까지 만족하고 나온다는 인사말을 건네면서 이 음식점은 언제나 최고일
거라는 생각이 들었습니다.

덕행 있는 여자가 많으나 그대는 여러 여자보다 뛰어난다 하느니라 (잠 1 : 29)

고생하신 보람이 있으시겠어요

고생 끝에는 반드시 보람이 있습니다.

고생이 길고 클수록 보람도 크겠지요. 높은 산을 오를수록 정상에서의

감격이 큽니다. 험한 산을 고생하며 올라야 성취감도 큽니다.

우리 주위에는 고생하는 분들이 많습니다. 입시 준비로 고생하는 사람,

질병과 싸우며 고생하는 사람, 가난과 싸우며 추위를 이겨내며 부지런히

일하는 사람들···. 이런 분들을 위해 복을 빌어 주며 격려하세요.

고생 없이 얻은 재물은 가치가 없습니다. 고생 없이 얻은 명예와 성공도

가치가 없습니다. 상대방이 기권해서 얻은 승리는 감격이 없습니다.

자녀를 사랑한다면 고생을 시키세요.

참 행복을 느껴보고 싶다면 사서라도 고생을 해보세요.

그리고 반드시 고생하는 분들을 격려하는 것도 잊지 마세요.

주안에서 수고한 드루배나와 드루보사에게 문안하라 주안에서 많이
수고하고 사랑하는 버시에게 문안하라 (롬 16 : 12)

나는 너를 생각하면 기분이 좋단다

생각만 해도 기분이 좋은 사람이 있습니다.

만날 일을 앞두면 가슴이 뛰는 사람이 있습니다. 생각하면 기분이 상하는

사람이 있습니다. 만날 일을 앞두면 가슴이 답답한 사람이 있습니다.

만나면 시원해지는 사람이 있습니다. 가뭄에 단비 같은 사람입니다.

만나면 답답해지는 사람이 있습니다. 찌는 더위에 모래먼지 같은

사람입니다.

나는 다른 사람에게 어떤 존재일까요? 시원케 하는 사람일까요?

아니면 답답하게 하는 사람일까요? 만나러 나가기 전에 먼저 나를

다듬으세요. 가시도 다듬고, 모난 곳도 다듬고, 상처 주는 입도 다듬고,

이기적인 마음도 다듬고 나가세요.

화장도 중요하지만 마음에도 화장을 하시고, 립스틱을 바른 입술 위에

부드러운 말의 코팅도 첨가하세요.

여호와여 내 입 앞에 파숫군을 세우시고 내 입술의 문을
지키소서 (시 141 : 3)

그 머리 어디서 했어요? 참 좋군요

작은 일에 관심을 가져주면 그 기쁨은 생각보다 더 큽니다.

사람은 큰 일보다는 작은 일에 더 기쁨을 느끼는 것 같습니다.

큰 일에는 누가 축하해 주지 않아도 스스로 얻어지는 기쁨이 있습니다.

그러나 사소한 일에는 주위의 작은 관심이 큰 기쁨을 일구어 냅니다.

그것이 또한 삶의 활력이 되고 서로의 사이를 좋게 합니다.

사소한 관심이 가정의 행복을 꽃피우고 사소한 무관심이 가정의 행복의

꽃을 꺾습니다. 작은 촛불 하나가 어둠을 밝히듯이 이제부터 주위를

살펴보세요. 그리고 관심을 표현해 보세요. 저만치 멀어져 타인과도 같은

사람들이 어느새 내 품안에 들어와 있음을 발견할 것입니다.

> 그 주인이 이르되 잘 하였도다 착하고 충성된 종아 네가 작은 일에 충성
> 하였으매 내가 많은 것으로 네게 맡기리니 네 주인의 즐거움에 참예할
> 지어다 (마 25 : 21)

이발 하셨군요 젊어 보이네요

사람의 기분을 큰 일이 좌우할 것 같지만 그렇지 않습니다.

작은 일로 기분이 상해서 하루종일 우울하게 지낼 수도 있고 작은 일로

기분이 전환되어서 하루종일 천국처럼 살 수도 있습니다.

어딘지 답답하고 우울하십니까? 작은 변화를 시도해 보세요.

사소한 말 한마디가 친구를 원수로 만들 수 있고 사소한 관심과 편지 한

통이 서먹서먹했던 관계를 친구로 만들기도 합니다.

부부싸움을 하셨나요? 친구와 다투었습니까?

어디 대단히 큰 일로 그리하셨나요? 아닐 것입니다.

별 것 아닌 것 가지고 다투고 돌아섰을 것입니다. 이제 먼저 손을 내미세요.

먼저 사과하세요. 먼저 손을 내미는 자가 승자입니다.

주위에 약간의 변화라도 보인 분이 계십니까?

관심어린 한마디가 시원한 냉수 역할을 할 것입니다.

의인의 입술은 기쁘게 할 것을 알거늘 악인의 입은 패역을 말하느니라
(잠 10 : 32)

참 부지런하시네요

우리 주위에는 부지런한 분들이 많습니다.

아직도 어둠이 가시지 않은 새벽길을 부지런히 나서는 분들이 많습니다.

우유나 신문을 배달하는 분들, 오늘 팔 물건을 준비하는 분들,

이분들을 모시기 위해 새벽길을 달리는 버스 기사님들, 부지런한 분들에게

따뜻한 아침을 준비하는 해장국집 아주머니들, 책가방을 둘러멘 학생들,

사거리를 정리하는 교통 경찰관들, 국가와 민족을 위해 눈물로 부르짖는

새벽기도의 성도들···

이분들이 있기에 우리의 삶은 따뜻합니다.

부지런한 분들이 계시기에 우리 나라가 이렇게 잘 사는 것이라고

생각합니다. 이런 분들에게 감사의 인사를 하세요.

그리고 이렇게 다짐해 보세요.

"나도 이제부터 일찍 일어나야지"

부지런하여 게으르지 말고 열심을 품고 주를 섬기라 (롬 12 : 11)

집이 먼데 일찍 오셨네요

집이 멀리 떨어져 있는 분들이 오히려 더 일찍 옵니다.

가까이 있는 분들은 이리저리 여유 부리다가 제 시간에 오기는커녕 오히려

늦게 오는 경우가 많습니다. 약속 시간을 지키는 것은 습관입니다.

일찍 오는 분은 언제나 일찍 옵니다. 마찬가지로 늦는 분은 언제나 늦습니다.

그것도 정확히 늦는 만큼 언제나 늦습니다.

성가대 연습에 언제나 30분이 늦는 대원이 있었습니다. 그분이 오면 다 온

것입니다. 그분이 오면 문을 닫아도 됩니다. 이제 더 이상 올 사람이 없기

때문입니다. 그분은 누가 뭐라고 해도 한결같이 늦었습니다. 아무리

잔소리를 해도 별 효과가 없었습니다. 그래서 단호한 결정을 내렸습니다.

아무래도 형편상 어려운 것 같아서 그분을 위해서 연습시간을 30분 늦게

시작하도록 했습니다. 다음주 어떤 일이 있었을까요?

그분은 늦춘 시간보다 또 30분 늦게 왔습니다.

자는 자들은 밤에 자고 취하는 자들은 밤에 취하되 우리는 낮에 속하였
으니 근신하여 믿음과 사랑의 흉배를 붙이고 구원의 소망의 투구를 쓰자
(살전 5:7~8)

그 의견에 동감입니다

누군가 좋은 의견을 내 놓으셨나요? 아주 좋은 생각이라고 말해 주세요.

남의 의견을 존중해 주면 내 의견도 존중을 받습니다.

사람이 모이는 곳이면 으레히 의견이 분분합니다.

누구나 자기의 의견이 결정되기를 바랍니다. 자기의 의견에 대해서는 스스로

높은 점수를 주게 되어 있습니다. 그러나 남의 의견을 잘 들을 수 있어야

성숙한 사람이라고 할 수 있습니다. 내 의견보다 상대방의 의견이 더 좋다고

생각될 때는 즉시 "그 생각 아주 좋군요" 하는 것이 좋습니다.

모임에서 가장 귀한 사람이 누구일까요?

리더일까요? 돈을 많이 내는 사람일까요?

가장 귀한 사람은 남의 의견을 존중해 주고 화기애애하게 만들어 가는

사람이라고 생각합니다.

의인의 입술은 기쁘게 할 것을 알거늘 악인의 입은 패역을 말하느니라
(잠 10 : 32)

힘내세요

우리가 살고 있는 세상이 얼마나 힘듭니까!

그래서 광야라고 하는 분도 있고 전쟁이라고 하는 분까지 있습니다.

일에 시달려 힘들고, 질병에 눌려 힘들고, 걱정 근심에 억눌려 힘들게들

살아갑니다. 이럴 때 "힘내세요"하는 한마디는 가뭄에 단비와도 같은 힘이

있습니다.

어릴 때 우리 동네에서 일어났다고 하는 전설따라 삼천리 같은 이야기가

있습니다. 소를 먹이러 나간 꼬마가 소를 잃었습니다. 소가 멀리 산을 너머

다른 골짜기로 갔습니다.

꼬마는 소를 찾아 산을 헤맸고 이내 날은 저물어 밤이 되고 말았습니다.

두려움에 떨던 꼬마가 자기 소를 발견했습니다.

그런데 또 다른 이상한 소와 싸우고 있었습니다. 꼬마는 무덤가에 앉아 자기

소를 응원했습니다. "우리 소 이겨라" "우리 소 힘내라"

지고 있던 소가 힘을 냈고 뿔로 다른 소를 들이받아 쓰러뜨렸습니다.

이때 징소리와 꽹과리 소리를 내며 마을 사람들이 횃불을 켜들고 꼬마를

찾아 올라왔습니다.

어른들은 소옆에 쓰러져 있는 황소만한 호랑이를 보고 기절초풍을

하였습니다.

꼬마의 "우리 소 이겨라" "우리 소 힘내라"의 응원으로 소가 호랑이를 잡은

것이었습니다.

만군의 여호와께서 우리와 함께 하시니 야곱의 하나님은 우리의
피난처시로다 (시 46 : 11)

써보니 참 좋군요

큰 기대를 하지 않고 써 본 제품이 의외로 좋을 때가 있습니다.

별 기대 없이 시청한 주말의 명화가 커다란 감동으로 이끌고 간 경험도

있습니다. 알려지지도 않은 외면당한 산을 오르면서 시종 감탄을 연발하는

경우도 있습니다.

인기제품이 아니란 이유로, 잘 알려지지 않았다는 것 때문에 계속적으로

외면당하고 무시당하는 좋은 것들이 많습니다.

외모도 출중하지 못하고, 그렇다고 노래를 잘하거나 말을 잘하는 것도 아닌

보통 그렇고 그런 사람 같은데 만나보면 어딘지 끌리는 좋은 사람도

많습니다.

너무 최고를 찾지 마세요. 완벽을 찾지도 마세요.

최고는 만들어 가는 것이고 완벽도 가꾸어가야 얻어지는 것입니다.

써보니 참 좋더군요. 만나보니 좋은 사람이더군요.

가보니 또 가고 싶은 곳이에요. 이런 평범속에서 행복을 많이 찾아 누리세요.

존귀에 처하나 깨닫지 못하는 사람은 멸망하는 짐승같도다 (시 49 : 20)

참 기발한 착상입니다

이래도 길이 없고 저래도 길이 없을 때가 있습니다. 아무리 궁리해도 시원한

해결책이 없어 가슴이 답답할 때가 있습니다.

이럴 때 누군가의 한마디가 기가 막힌 해결의 실마리가 될 수 있습니다.

기발한 착상은 의외로 우리 주변에서 많이 찾을 수 있습니다.

증기 기관차는 주전자에서 찾았고, 만유인력의 법칙은 떨어지는 사과에서

찾았습니다. 얼음을 찾으러 북극의 탐험을 안해도 됩니다.

냉장고에서도 얼음은 찾을 수 있습니다.

소금물을 구하러 서해 바다까지 안가도 됩니다.

부엌의 소금을 물에 녹이면 소금물이 됩니다.

행복을 찾으러 하와이로 안가도 됩니다. 바로 옆방에 행복이 기다리고

있을지도 모릅니다.

먼저 가까이에서 찾아보세요.

주머니에서, 주변에서, 내 가까이에서 기발한 착상은 말없이 숨어 있습니다.

무화과 나무의 비유를 배우라 그 가지가 연하여지고 잎사귀를 내면 여름
이 가까운 줄을 아나니 이와 같이 너희도 이 모든 일을 보거든 인자가
가까이 곧 문 앞에 이른 줄 알라 (마 24 : 32~33)

기억하겠습니다

우리는 기억해야 할 것들을 너무 잊고 삽니다.

바빠서 일까요? 오늘의 내가 있기까지 도움을 주신 많은 손길들이
있었습니다. 그러나 많은 부분 기억에서 사라지고 지금은 어디서 무엇을
하고 계시는지도 모른 채 살고 있음을 돌아봅니다. 기억력이 나빠서 일까요?

유대인들은 수천 년이 지난 지금에도 애굽에서 해방되어 나온 유월절을
가슴깊이 기억하고 있습니다. 그러나 우리는 해방 50년을 겨우 지냈는데도
잊어가고 있습니다. 8월 15일은 노는 날, 여름 휴가 때 못간 나들이를 가는
날, 유원지는 만원이고 나들이 차량으로 하루종일 교통전쟁을 치르는 날로
잊혀져 가고 있지 않나 생각합니다.

너무 쉽게 잊어버리는 개인, 너무 빨리 잊어버리는 민족이 되어서는 안될
것입니다. 민족을 위해 피를 흘린 선조들, 신앙을 위해 순교의 피를 흘린
선진들이 계셨기에 오늘의 풍요가 있는 것입니다.

너는 조심하여 너를 애굽땅 종 되었던 집에서 인도하여 내신 여호와를
잊지 말고 (신 6 : 12)

소개해 주셔서 감사합니다

혼자 살 수 있는 사람은 없습니다.

서로 도와주기도 하고 도움을 받기도 하며 사는 것이 사람의 삶입니다.

정경화의 바이올린 선율이 지금 흐르고 있습니다. 정경화는 많은 사람을 돕고 있다고 생각합니다. 우울한 사람, 피곤한 사람, 삶에 지친 사람들에게 위로와 안식과 격려를 조용히 선물하고 있습니다. 반면에 그녀는 또 많은 도움을 받고 있다고도 생각합니다. 팬들이 공연장에 찾아가 보내주는 박수와 격려의 환호성, 퇴근길에 레코드 가게를 들러 그녀의 판을 사주는 팬들의 관심, 이런 것들의 도움이 있기에 오늘도 그녀는 바이올린에 정열을 쏟고 있는 것입니다.

소개로 만나 결혼에 골인한 부부들, 소개로 들어간 회사에서 중요한 일들을 하는 사람들, 소개로 알게되어 어려운 위기 상황을 헤쳐나간 경우도 있습니다.

서로 소개하세요. 좋게 소개하세요.

> 사울이 예루살렘에 가서 제자들을 사귀고자 하나 다 두려워하여 그의 제
> 자됨을 믿지 아니하니 바나바가 데리고 사도들에게 가서 그가 길에서 어
> 떻게 주를 본 것과 주께서 그에게 말씀하신 일과 다메섹에서 그가 어떻
> 게 예수의 이름을 담대히 말하던 것을 말하니라 (행 9 : 26~27)

저는 당신의 도움이 필요합니다

도움 없이 큰일을 해낸 사람을 우리는 위대한 인물이라고 존경합니다.
아무도 알아주지 않고, 도움의 손길을 받지 못하면서 어려운 일을 해낸
사람을 의지의 사람이라고 높이 평가합니다.

그러나 정말 그가 아무 도움 없이 이루어 냈을까요? 그렇지 않습니다. 분명
도움이 있었습니다. 눈에 띄게 가시적으로 나타나지 않았을 뿐이지 혼자
이루어 낸 일은 있을 수 없습니다. 그 인물에 집중적인 초점을 맞추고
스포트라이트를 비추었기 때문에 주변의 조연들이 파묻혔을 뿐이지 조연
없는 주연은 없습니다.

혼자서 큰일을 이루어 냈다고 생각하고 계십니까?

조용히 주위를 둘러보세요. 조명이 미치지 못한 곳, 무대 뒤편의 가리워진
곳, 내 화려함에 시선 뺏긴 또 하나의 주인공은 없을까요?

우리는 도움이 필요합니다. 사람의 도움, 그리고 천지를 지으신 하나님의
도우심이···.

내가 산을 향하여 눈을 들리라 나의 도움이 어디서 올꼬 나의 도움이
천지를 지으신 여호와에게서로다 (시 121 : 1~2)

눈썰미가 있으시군요

무엇이든지 잘 고르는 분들이 있습니다.

물건을 골라도 쓸모 있는 적절한 것을 고르고, 옷을 골라도 잘 어울리는 것들을 곧잘 고릅니다. 쓸모도 있고 자기에게 어울리는 것들을 고르는 것이 쉬울 것 같은데 생각보다는 의외로 어렵습니다. 잘 어울리는 것 같아서 골라와서는 집에 와서 입어보면 딴판인 경우가 많습니다. 값이 싼 것은 좀 덜한데 비싼 물건이라면 얼마나 속상한 일인지 모릅니다.

오디오 애호가들은 수많은 방황과 갈등을 겪으면서 자기의 시스템을 완성합니다. 아니 사실은 영원히 완성하지 못합니다. 몇백 만원, 때로는 수천만 원대의 시스템을 매장에서 들었을 때는 바로 이거다! 내가 찾던 소리가 바로 이거야! 하고 무릎을 치지만 집에 와서 들어보니 아니! 이게 무슨 소리가 이래! 하는 경우가 많습니다. 그래서 수많은 시행착오의 여행을 끝없이 계속하게 됩니다.

주위에 눈썰미 있는 분들이 계시지요? 칭찬해 주세요.

내 눈썰미도 좋아질지 누가 압니까?

만물의 피곤함을 사람이 말로 다 할 수 없나니 눈은 보아도 족함이 없고
귀는 들어도 차지 아니하는도다 (전 1 : 8)

두분 참 어울리는 부부시군요

부부는 남남으로 만났지만 살다보면 닮아가나 봅니다.

전혀 다른 두 사람이 만나 하나를 이루는 것이 부부의 신비입니다.

몇 시간의 여행길에서 같이 앉는 손님을 좋은 분으로 만나면 여행이

즐겁습니다. 하물며 앞으로의 평생을 같이 해야 할 동반자를 잘 만나는 것은

그 어떠한 복과도 비교할 수 없을 것입니다.

부부는 잘 어울려야 합니다.

내게 있는 모난 부분을 깎아내고 상대방에게 있는 모난 부분을 조금씩만

서로 받아들이면 부부는 어울리게 되어 있습니다.

빼빼와 뚱보가 만나도 어울리고 뚱보와 빼빼가 만나도 어울리고 빼빼와

빼빼가 만나도 어울립니다.

집앞에서, 시장에서, 교회에서 어울리는 부부를 만나셨나요?

"두분 참 잘 어울리시네요"

아내를 얻는 자는 복을 얻고 여호와께 은총을 받는 자니라 (잠 18 : 22)

자제분이 참 믿음직스럽습니다

예전에는 아버지가 아들보다 컸습니다.

그래서 업고도 다니고 무등도 잘 태워주셨습니다.

그러나 요즘 아이들은 아빠보다 큽니다. 중학교 졸업반만 되어도 아빠보다

큰 아이들이 많습니다. 그러니 업는다는 것은 보통일이 아닙니다.

그 대신 차로 싣고 다니긴 하지만요.

얼마전 중학교 1학년인 딸아이가 발을 다쳤습니다. 목발을 짚고

허우적거리는 모습이 안쓰러워 업어 보았습니다.

아뿔싸! 어릴 때 지고 다니던 지게 짐보다 무거워 서울 하늘이 온통 노랗게

보였습니다.

부모와 함께 있는 요즘 아이들은 하나같이 키도 크고 잘 생겨서

믿음직스럽게 보입니다. 그러나 키만큼 정신은 못 자랐다는 말도 합니다.

청소년 여러분. 키에만 신경 쓰지 말고 정신에도 신경을 쓰세요.

키180cm, 몸무게70kg에 정신연령 10세여서야 안되겠지요.

정신까지 성숙한 자녀가 된다면 얼마나 믿음직스러울까요.

누구든지 네 연소함을 업신여기지 못하게 하고 오직 말과 행실과 사랑과
믿음과 정절에 대하여 믿는 자에게 본이 되어 (딤전 4 : 12)

우리 나라 참 복 많이 받은 나라입니다

우리 나라처럼 복 많이 받은 나라가 이 세상에 또 어디 있을까요?

불과 100년 전만 해도 얼마나 비참했었습니까?

가난, 질병, 전염병, 문맹, 미신, 우상숭배, 인권의 무시, 침략, 식민지 생활 등

온갖 불행과 한을 삼키며 살고 있었습니다. 거기다가 6·25의 동족 상잔의

비극까지 겹쳤으니 참으로 버림받은 나라와도 같았습니다.

그러나 시온의 빛이 비쳤습니다. 복음이 들어 왔습니다.

선교사가 짙은 피를 뿌렸습니다. 구세주의 복음이 꽃이 피기 시작했습니다.

교회가 세워지고, 학교가 세워지고, 병원이 세워졌습니다.

죄로부터의 자유, 무식으로부터의 해방, 온갖 질병으로부터 해방되었습니다.

아시안 게임이 열리고, 올림픽이 열렸습니다.

세계가 놀라는 엄청난 기적을 이루었습니다.

누가 이렇게 하셨나요.

바로 여호와 하나님이십니다.

우리 나라 참 복 많이 받은 나라입니다.

일어나라 빛을 발하라 이는 네 빛이 이르렀고 여호와의 영광이 네 위에
임하였음이니라 (사 60 : 1)

우리에겐 내일이 있습니다

사람은 내일이 있기에 삽니다. 동물에게는 내일이 없습니다.

사람이 내일을 잃어버리면 동물과 비슷해집니다.

내일을 잃으면 소망을 잃고, 소망을 잃으면 가치관을 잃고, 가치관을 잃으면

인간성을 잃습니다. 그러니 동물과 같아질 수밖에요.

미국 보스턴에는 세계의 명문인 하바드 대학이 있습니다.

목사님 한 분이 이 학교를 방문한 일이 있었습니다.

따사로운 봄볕을 받으며 잔디밭 위를 걷고 계셨습니다. 자신이 지나온

아련한 대학시절을 회상하노라며 걷고 있는데 불쑥 한 청년이 길을 막으며

"한국분 아니십니까?"하고 반겼습니다.

"그래 나는 한국 목사인데 자네는 누군가?" "네 저는 하바드 법대 졸업반에

다니는 한국 유학생입니다." "장하군 젊은이. 그래 졸업하면 무엇을 할텐가?"

"네, 유명한 변호사가 되어 이름을 날릴 겁니다." "그 후엔 무엇을 할텐가?"

"네, 미모와 지성을 갖춘 여성과 결혼해서 행복하게 살아야죠" "그 후엔

어떻게 할텐가?" 지금까지 자신만만하던 젊은이가 힘없는 목소리로

"늙겠죠" "그 후엔 어떻게 될 것 같은가?"

하바드 법대생의 마지막 대답은 무엇이었을까요? "목사님! 늙은 다음엔

죽는 것밖에 더 무엇이 있습니까?"

고작 죽기 위해 태평양을 건너 이곳까지 유학을 왔단 말입니까?

내일을 바라보세요. 천국을 소유하세요.

가서 너희를 위하여 처소를 예비하면 내가 다시 와서 너희를 내게로
영접하여 나 있는 곳에 너희도 있게 하리라 (요 14 : 3)

·절·망·이·소·망·으·로·

분위기에 잘 맞는 옷을 입으셨군요

대학 시절 때 설악산으로 수학 여행을 갔었습니다.

모두가 간편한 옷차림에 운동화나 등산화를 신고 갔습니다.

그런데 한 친구의 옷차림이 남달리 독특했습니다.

정장에 넥타이까지 매고 구두를 신었습니다. 울산바위도 오르고 금강굴도

오르는 동안 그 친구는 쩔쩔 맸습니다.

분위기에 맞는 옷이 있습니다. 분위기에 맞는 신이 있습니다.

분위기에 맞는 말이 있습니다. 분위기에 맞는 몸가짐이 있습니다.

분위기 파악을 못하면 웃음거리가 되고 분위기를 망치게 됩니다.

혼인집에서 울어도 안되고 상가집에서 노래를 불러도 안됩니다. 물론 이런

실수를 하는 사람은 거의 없습니다. 그러나 분위기를 정말 잘 살려주는

사람은 흔치 않습니다.

분위기를 잘 맞추세요. 그리고 그런 사람을 보면 칭찬하세요.

칭찬은 최고의 분위기맨이 할 수 있는 묘약입니다.

마음이 상한 자에게 노래하는 것은 추운 날에 옷을 벗음고 같고 쏘다
위에 초를 부음 같으니라 (잠 25 : 20)

연주회 참 감동적이었습니다

감동을 잘하는 사람은 행복한 사람입니다.

웬만한 일에도 감동도 없고 기쁨도 못 느끼는 무감각한 사람이 많습니다.

들꽃을 보아도 감동하고, 아침 이슬을 보아도 감동하는 사람은 하나님의

마음을 품은 사람입니다.

왜냐하면 하나님께서 이것들을 지으시고 좋았더라 하셨기 때문입니다.

연주회에 자주 가지 못합니다. 거리도 멀고 비싸기도 해서입니다.

그러나 주위에도 작은 연주회가 있습니다. 동네 피아노 학원에서의 발표회도

있고, 교회에서의 영아부, 유치부, 유년부, 초등부 어린이들의 재롱도

있습니다. 넘어질 듯 제대로 동작도 못하고 때로는 실수도 하고 다른

친구와는 전혀 다른 동작을 하는 아이도 있지만 역시 감동적입니다.

그뿐 아니라 여름에는 매미들의 합창제도 있고, 저녁 무렵이면 풀벌레들의

현악4중주도 있습니다. 밤하늘엔 별들의 무도회도 펼쳐집니다.

마음의 눈을 뜨세요. 마음의 귀를 기울여 보세요.

언제 어디에나 연주회는 늘 열리고 있습니다.

해와 달아 찬양하며 광명한 별들아 찬양할지어다 (시 148 : 3)

걱정하지 마세요 해 낼 수 있어요

격려만큼 좋은 선물도 없습니다. 격려는 불가능을 가능케 하고 역경을
이기게 하는 힘이 됩니다.

낙심하는 분에게 격려하세요. 실패한 분에게 격려하세요. 슬픔을 당한
분에게 위로하고 격려하세요. 병든 분에게 격려하세요. 진학에 실패하는
학생에게 격려하세요. 격려의 사람이 되세요.

위대한 인물 뒤에는 언제나 그를 격려하고 돌봐준 숨은 손길이 있습니다.
금메달은 선수의 목에 걸리지만 그 금메달을 목에 걸 수 있도록 격려한 분의
목에는 더 값진 보람이라는 메달이 걸립니다.

내 목에 금메달이 걸리지 않더라도 내 손에 꽃다발이 주어지지 않더라도
나를 향한 우뢰같은 박수가 쳐지지 않더라도 내 얼굴이 TV에 비쳐지지
않더라도 격려하는 사람이 되세요.

이 세상에서 받지 못한 금메달과 꽃다발, 박수갈채가 하늘나라에서 준비되어
있으니까요.

> 사울의 아들 요나단이 일어나 수풀에 들어가서 다윗에게 이르러 그로 하나
> 님을 힘있게 의지하게 하였는데 곧 요나단이 그에게 이르기를 두려워 말라
> 내 부친 사울의 손이 네게 미치지 못할 것이요 너는 이스라엘 왕이 되고 나
> 는 네 다음이 될 것을 내 부친 사울도 안다 하니라 (삼상 23 : 16~17)

선물이 마음에 꼭 들어요

북을 두드리면 북소리가 납니다.

북을 두드렸는데도 소리가 나지 않으면 이미 북이 아닙니다.

상대방의 호의에 아무런 반응이 없으면 소리 못내는 북과도 같습니다.

내게 오는 정만 있고 가는 정이 없으면 인간관계는 무너지고 맙니다.

시골집의 담은 돌담이었습니다. 그리 높지가 않아 어른들은 얼굴이

보였습니다. 우리 집에서 떡을 하면 언제나 이 돌담을 넘어 떡그릇이 넘어

갔고 다시 그릇이 담을 넘을 때면 감자나 고구마가 담겨져 있었습니다. 마치

배드민턴 경기처럼 돌담을 넘어 오고가는 정은 언제나 따뜻했습니다.

선물을 받으셨나요?

도움을 받으셨나요?

정성 어린 감사인사를 잊지 마세요.

모든 육체에게 식물을 주신 이에게 감사하라 그 인자하심이
영원함이로다 (시 136 : 25)

제 마음을 어떻게 그리 아셨어요?

세심한 배려를 해 주시는 분들이 있습니다.

필요한 것을 아시고 꼭 필요한 것을 선물하시는 분도 계시고, 어려운 일을 당했을 때 격려해 주시는 분도 계십니다.

어떻게 아셨는지 걱정해 주시고 위로해 주실 때는 정말 힘이 됩니다. 말도 안했는데 갖고 싶은 것을 갖게 되었을 때는 얼마나 기쁜지 모릅니다.

초등학교 시절 가을 운동회가 열렸습니다. 워낙 산골학교라 다 떨어진 고무신을 이리저리 꿰매서 신고 다녔기 때문에 조금만 빨리 뛰면 고무신이 벗어집니다. 그래서 운동회 날은 아예 맨발로 학교를 가곤 했습니다.

운동회가 끝나고 집에 오는 길에 동네 아저씨가 풍선을 하나 사 주셨습니다. 풍선을 갖고 싶었던 제 소원을 어떻게 아셨는지 떨 듯이 기뻤습니다. 그것도 토끼 모양으로 큰 귀가 두 개 달려 있고 중간에 소리나는 장치가 있어 한쪽을 누르면 삑- 하고 소리까지 났습니다. 며칠을 풍선과 함께 꿈같은 시간을 보냈는데 그만 터져버리고 말았습니다. 울었습니다. 키우던 강아지가 죽은 날처럼 울었습니다. 그리고 찢겨진 풍선조각을 몇 달을 입에 넣고 다닌지 모릅니다.

아비가 자식을 불쌍히 여김같이 여호와께서 자기를 경외하는 자를 불쌍히 여기시나니 (시 103 : 13)

좋은 계절에 태어나셨군요

어느 계절에 태어나셨습니까?

봄은 만물이 소생해서 좋고 여름은 푸르름이 좋습니다. 가을은 화려함이

좋고 겨울은 소박함이 좋습니다.

탄생은 신비입니다. 하나님의 창조의 오묘함입니다. 어찌 "나"라는 존재가

이 땅에 태어나 생각하고, 웃고, 울고, 고민하고, 기뻐하고, 사랑하는지 참 알

수 없습니다. 가족을 만나고, 친구를 만나고, 짝을 만납니다. 또 새로운

생명을 탄생시키고, 가정을 이룹니다.

그리고는 때가 되면 어디론가 훌쩍 떠나갑니다.

어디로 가는 것일까요? 살기는 이 땅에서 같이 살지만 가는 곳은 서로

다릅니다. 무엇을 소유하고 살았느냐에 따라 가는 곳은 다릅니다.

예수 그리스도를 소유하고 그분이 계시는 천국으로 가는 분이 있고, 그분의

간절한 요청을 외면하고 지옥으로 떠나는 분도 있습니다.

어느 계절에 태어나더라도 좋습니다.

그러나 무엇을 소유하고 살았느냐는 너무나도 중요합니다.

영접하는 자 곧 그 이름을 믿는 자들에게는 하나님의 자녀가 되는
권세를 주셨으니 (요 1 : 12)

감각이 뛰어나시네요

감각이 뛰어나면 사는 것이 즐겁습니다. 누구에게나 감각이 있습니다.
숨겨진 감각도 있습니다. 그 숨겨진 감각을 찾아내서 개발하면 그 방면의
성공자가 될 수 있습니다. 미적 감각이 뛰어나면 예술가가 되고, 소리에 대한
감각이 뛰어나면 음악가가 될 수 있습니다. 유머 감각이 뛰어나면 즐겁게
하고, 손끝의 감각이 뛰어나면 기술자가 됩니다.

내게 있는 감각이 무엇일까요? 한 번 찾아보세요.
혀끝에 있는 감각이 뛰어나면 요리사, 눈의 감각이 뛰어나면 평론가, 입술의
감각이 뛰어나면 웅변가, 발의 감각이 뛰어나면 축구선수, 허리의 감각이
뛰어나면 무용가가 될 수 있습니다.
내 감각을 찾아내면 개발하고 남의 감각을 발견하면 칭찬하세요.
살기 좋은 세상이 될 것입니다.

눈의 밝은 것은 마음을 기쁘게 하고 좋은 기별은 뼈를 윤택하게 하느니라
(잠 15 : 30)

좋은 취미를 갖고 계시네요

좋은 취미는 삶의 활력이 됩니다. 스트레스를 없애주는 특효약이 됩니다.

현대인들에게 가장 무서운 적은 스트레스입니다.

스트레스가 가져다주는 부작용은 엄청납니다. 정신적 육체적으로 사람을

서서히 죽음으로 몰고가는 악당입니다.

한발자국 한발자국 낭떠러지 쪽으로 밀고 갑니다. 이대로 밀려가서는 안되는

줄 알면서도 밀려갑니다.

좋은 취미 생활을 찾아보세요. 생활주변에서 쉽게 할 수도 있고 경제적

시간적으로 가능한 것들을 찾아보세요. 부부나 가족이 함께 할 수 있다면

더욱 좋겠지요.

시간이 없으시다고요? 쪼개 보세요. 생길 것입니다.

경제적 여유가 없으시다고요? 찾아보세요.

돈이 별로 안들고도 가능한 것들이 있을 것입니다.

문제는 하고자 하는 결심입니다.

게으른자는 사자가 밖에 있은즉 내가 나가면 거리에서 찢기겠다 하느니라
(잠 22 : 13)

꼭 재기하시리라 믿습니다

실패에 좌절하는 사람이 있고, 또 다시 일어나 재기하는 사람이 있습니다. 실패 없이 성공만 하는 사람은 이 세상에 하나도 없습니다. 문제는 다시 일어서려는 의지입니다.

프로야구에서 "불사조"라는 별명을 가진 선수가 있습니다. OB 베어즈의 박철순 투수입니다. 프로야구가 시작되던 원년에 최다승 투수로 우승의 영광을 안았던 화려했던 시절이 있었습니다. 그러나 잇단 부상과 슬럼프로 그라운드에 서지 못했습니다. 세월은 그로 나이를 먹게 했고, 망각이라는 불청객은 팬들의 머리에서 그를 잊게 했습니다.

매년 새로운 스타들이 꼬리를 물고 팬들의 가슴에 꽃을 심었습니다.

그러나 불사조는 죽지 않았습니다. 40이 넘은 스포츠 세계에서는 할아버지라 할 수 있는 나이에 다시 그라운드에 서서 팬들에게 진한 감동을 주었습니다.

다시 일어서세요. 꼭 재기하시리라 믿습니다.

하나님은 곤고한 자를 그 곤고할 즈음에 구원하시며 학대당할 즈음에
그 귀를 여시나니 (욥 36 : 15)

용기를 잃지 마세요

돈을 잃으면 다시 벌면 되지만 용기를 잃으면 소망이 없습니다.

용기를 잃지 마세요. 의욕을 잃지 마세요. 용기만 잃지 않는다면 얼마든지
다시 일어설 수 있습니다.

독일은 2차대전의 폐허 속에서도 일어섰습니다.

우리 나라도 6·25의 참변으로 초토화가 되었어도 일어섰습니다.

"할 수 있다"는 용기와 신념이 이루어낸 기적입니다. 하나님의 손길은
용기를 잃지 않는 자에게 찾아옵니다. 그러나 회전의자에 앉았어도 용기를
잃으면 찾아오던 손길도 멀어집니다.

주위에 용기를 잃고 주저앉는 사람이 있습니까?

용기를 불어넣어 주세요. 다시 일으켜 세우세요.

당신의 따뜻한 한마디가 생기를 되찾게 하는 활력소가 될 것입니다.

의인의 혀는 여러 사람을 교육하나 미련한 자는 지식이 없으므로 죽느니라
(잠 10 : 21)

그럴 수 있겠지요

남의 입장을 알아보기 전에 무조건 속단하지 마세요.

그럴만한 사정이 있어서 그럴 수 있습니다. 내가 그 입장이 되면 나도 어쩔

수 없이 그럴 수밖에 없는 경우도 있을 것입니다.

사람은 돌던지기를 좋아합니다. 간음하다 현장에서 붙잡힌 여인을 향해

사람들은 돌을 던지려 했습니다. 자신의 내면에 숨어있는 간음과, 도적과,

거짓의 요소를 표면으로 감추고 남을 향해서는 앞다투어 돌을 던지려

했습니다.

누가 지각을 했나요? 그럴만한 이유가 있었겠지요.

약속을 어겼나요? 그럴만한 부득이한 사정이 있었겠지요.

그 사유를 물어보기 전에 몰아붙이지 마세요.

서로 이해하고 관용하는 여유 있는 삶을 사세요.

저희가 묻기를 마지 아니하는지라 이에 일어나 가라사대 너희 중에
죄없는 자가 먼저 돌로 치라 하시고 (요 8 : 7)

기회는 또 있으니 상심 마세요

사람은 참으로 강합니다. 도저히 상상하기 어려운 일들을 해냅니다.

에베레스트를 오르는가 하면 저 북극의 끝까지 정복합니다.

한계상황에서의 역경을 초인적 힘으로 이겨냅니다.

암벽을 오르기도 힘든 일인데 빙벽을 오릅니다.

뜨거운 모래먼지가 1년 내내 휘몰아치는 열사의 땅에서도 견디어 내고 영하

30도 이하의 혹한이 살을 에이는 곳에서도 일합니다.

이처럼 사람은 강합니다.

그러나 이상하게도 이렇게도 강한 사람이 의지가 약해질 때는 너무나

약합니다. 작은 어려움 앞에서도 실망하고 별 것 아닌 실패에도 좌절합니다.

그처럼 강인했던 부분은 다 어디론가 사라지고 주저앉는 모습을 봅니다.

기회는 또 있습니다. 주저앉지만 말고 서 있으세요.

기회라는 열차는 또 옵니다. 단지 서있는 사람에게만요.

의인은 고난이 많으나 여호와께서 그 모든 고난에서 건지시는도다 (시 34 : 19)

그럴수록 더 힘을 내셔야지요

도중에 일이 잘못되면 그때부터 성의 없이 대충대충 하는 성격이 있습니다.

반면에 잘못한 후로는 더욱 신경 써서 더 잘하는 사람도 있습니다.

그림을 그릴 때도 제각기 다릅니다. 대부분 처음에는 정성껏 그립니다.

그러다 중간에 색을 잘못 칠했거나 마음에 들지 않으면 그때부터는 될 대로

되라는 식으로 대충해서 제출합니다. 그러나 그때부터 그 잘못된 부분을

고치고 전체를 살리기 위해서 더 정성을 기울이는 학생도 있습니다.

그림 하나는 별 것 아닙니다.

미술 점수 조금 더 받고 덜 받고는 문제가 아닙니다. 큰 문제는 그런 성격이

모든 일에 적용되어 인생의 성패를 좌우하는 갈림이 되기 때문입니다.

체조 경기나, 피겨 스케이팅에서 연기 도중 선수가 넘어지는 경우가

있습니다. 그러나 곧바로 몸을 가다듬고 끝까지 최선을 다해 금메달을 목에

거는 선수도 있습니다.

일을 그르치셨나요? 그럴수록 더 힘을 내셔야죠.

다윗이 땅에서 일어나 몸을 씻고 기름을 바르고 의복을 갈아입고 여호와의
전에 들어가서 경배하고 궁으로 돌아와서 명하여 음식을 그 앞에 베풀게 하
고 먹은 지라 (삼하 2 : 20)

IV

입 / 술 / 의 / 열 / 매 / 는 / 참 / 으 / 로 / 크 / 다

불과 몇 초 사이에 나가버린 입술의 한마디가
몇십 년의 세월을 두고
한 영혼을 멍들게 할 수도 있고,
절망으로 내려가는 영혼을
소망의 언덕을 향해 달려가게 할 수도 있다.
"주 예수여, 당신의 나라에 임할 때
나를 기억하소서!"
이 한마디로 강도도 낙원에 이르지 아니했는가!

내일이 있잖아요

오늘이 있으면 내일도 있습니다.

저녁이 있으면 아침도 있습니다.

눈물이 있으면 기쁨도 있고, 실패가 있으면 성공도 또한 있습니다.

내일만 잊어버리지 않으면 반드시 좋은 날이 있습니다.

농부는 가을을 바라보며 봄과 여름을 참습니다. 등산하는 분들은 정상을

바라보며 고통을 참습니다. 공부를 하는 학생도, 후보 선수로 벤치를 지키는

선수도, 조명등 뒤편에서 무대를 바라보는 엑스트라도 내일을 바라보며

오늘을 참고 견디는 것입니다.

오늘 병원에 누워 계신가요? 창밖을 내다보세요. 내가 살아갈 아름다운

세상입니다. 오늘 패하셨나요? 두 주먹을 불끈 쥐어보세요.

그 손안에 내일의 월계관이 있습니다.

실패한 분들에게 격려하세요.

"내일이 있잖아요"

울며 씨를 뿌리러 나가는 자는 정녕 기쁨으로 그 단을 가지고
돌아오리로다 (시 126 : 6)

꼭 그날이 올 거예요

기다림이 있는 사람은 행복합니다.

연인을 기다려도 행복하고 좋은 날을 기다려도 행복합니다.

학생들은 방학을 기다리고 직장인들은 휴가를 기다립니다.

우리들에게서 기다림을 빼버린다면 얼마나 살기 힘든 세상이 될까요?

초등학교 가기 전의 일입니다.

형님이 대구에 가서 공부를 하다 방학이 되면 시골집으로 돌아옵니다.

방학이 되어 가면 아버지께서는 자꾸만 앞산 언덕을 바라보십니다.

우체부 아저씨를 기다리는 것입니다. 우체부 아저씨는 매일 오는 것이

아니라 우리 마을에 편지가 있어야 옵니다.

언덕 넘어 우체부 아저씨가 보이면 아버지는 동구 밖까지 나가셔서 우리

집에 오는 편지가 있는지 물어 보십니다. 기다리던 편지가 없으면 얼마나

서운해하시는지 모릅니다. 그러다가 편지가 있는 날이면 얼마나

기뻐하셨는지 지금도 모습이 선합니다.

편지에는 언제 가겠다는 내용이 쓰여 있습니다. 그날부터 밤잠을 설치신

아버지는 오겠다고 한 날 아침 일찍부터 저를 데리고 언덕에 올라가

기다리십니다.

언제나 점심에는 훨씬 지나야 도착하지만 아침 일찍부터 기다리셨습니다.

기다리세요. 좋은 날이 올 것입니다.

또 네가 참고 내 이름을 위하여 견디고 게으르지 아니한 것을
아노라 (계 2 : 3)

저 별을 보세요 우리를 보고 웃고 있잖아요

가끔은 별을 보세요. 가끔은 도시를 벗어나 시골 하늘을 바라보세요.

별은 우리의 길을 인도합니다. 말없이 우리를 가르칩니다.

동방박사들이 별을 보고 아기 예수를 만났듯이 별들은 우리를 좋은 곳으로

인도합니다. 별은 빛을 발합니다. 태양처럼 강력하지는 않아도 서로 서로

빛을 발합니다.

별은 모두 웃고 있습니다. 찡그리거나 우는 별은 없습니다. 별을 보고

있노라면 나도 따라 웃게 됩니다.

저녁을 먹고 나면 마당에 멍석을 깔고 매일 별을 바라보았습니다.

온통 하늘이 별천지입니다. 은하수가 하얀 강을 이루고 별들은 대화의

광장을 펼칩니다. 지금도 앞이 캄캄할 때면 어릴 적 멍석 위에서 보았던

별들을 생각합니다.

그러면 어김없이 그 별들은 지금도 나를 찾아와 말해 줍니다.

너도 나처럼 빛나라고요.

달과 별들로 밤을 주관케 하신 이에게 감사하라 그 인자하심이
영원함이다 (시 136 : 9)

참 검소하시네요

돈을 잘 버는 사람을 유능한 사람이라고 말합니다. 돈을 잘 쓰는 사람을
화통한 사람이라고 말합니다. 그러나 검소한 사람은 꼭 필요한 사람이라고
할 수 있습니다. 유능한 사람도 필요하고 화통한 사람도 필요하지만 우리
나라를 이끌어 가는 가장 큰 힘은 역시 검소한 사람들입니다.

유능한 사람들이 많이 벌면 무엇합니까? 불필요한 곳에 낭비해 버리면 아무
소용이 없습니다. 오히려 국민 정서도 해치고 사회악을 조성할 뿐입니다.
"한국인은 샴페인을 너무 일찍 터뜨렸다"라는 말을 외국 언론이 말한 바
있습니다. 일부 특정인들의 낭비와 사치풍조를 보고 잘못 내린 판단이라고
보고 싶습니다.

아껴 씁시다. 물도, 전기도, 바다도, 산도 아끼고 사랑합시다.

주위에 "참 검소하시네요"하고 말할 수 있는 사람들이 많기를 바라고 나도
그런 말을 들을 수 있도록 힘씁시다.

말도 아껴서 좋은 말만 골라서 합시다.

말을 아끼는 자는 지식이 있고 성품이 안존한 자는 명철하니라 (잠 17 : 27)

•입•술•의•열•매•는•참•으•로•크•다•

비가 참 시원하게 쏟아지네요

비오는 날 두사람이 나란히 걸어갑니다.

한 사람은 이렇게 말했습니다. "비도 더럽게 많이 오네"

또 한 사람은 이렇게 말했습니다. "비가 참 시원하게 쏟아지네"

바람 부는 날 두 사람이 나란히 걸어갑니다.

한 사람은 이렇게 말했습니다. "바람도 더럽게 많이 부네"

또 한 사람은 이렇게 말했습니다. "바람 참 시원하게 부네"

무슨 차이가 있을까요? 똑같은 환경 속에서 무슨 차이가 있을까요?

한 사람은 더럽게 지겨운 세상에서 죽지 못해 살 것이고 한 사람은 참

시원한 세상에서 기쁘게 살 것입니다.

두 사람을 따라가서 확인해 보세요. 결과는 너무나 당연합니다.

비가 내리나요? 바람이 부나요? 안개가 끼였나요? 함박눈이 쏟아지나요?

시원하다고 하세요. 그러면 시원한 인생이 됩니다.

온량한 혀는 곧 생명나무라도 패려한 혀는 마음을 상하게 하느니라
(잠 5 : 4)

좋은 계획 세우셨어요?

계획을 세우고 하는 일과 닥치는 대로 하는 일은 결과에 있어서 큰 차이가 있습니다.

계획을 세우고 일을 하면 불필요한 일을 하지 않게 되어 그만큼 시간이 절약됩니다. 닥치는 대로 하다보면 일은 많이 한 것 같은데 막상 결산을 해보면 별로 한 일이 없습니다. 하루의 일과를 시작하기 전에 오늘 해야 할 일들을 기록하고 계획을 세워서 하면 초과달성까지 가능합니다.

한 주일의 계획, 한 달의 계획, 1년의 계획, 평생의 계획을 세우세요.
사람의 일평생 가운데 아무 의미 없이 버려지는 시간이 얼마나 될까요?
아마 어림잡아도 10년은 되지 않나 생각합니다.
좋은 계획 세우셨나요? 아직 안 세우셨으면 지금이라도 세워보세요.

그러므로 우리는 다른 이들과 같이 자지 말고 오직 깨어 근신할지라
(살전 5 : 6)

새 구두 신고 오셨네요

관찰력을 기르세요. 주변의 변화에 반응을 보이세요.

너무 무감각한 것도 병입니다. 부인이 헤어 스타일을 바꾸어도 전혀 모르고

남편의 바짓가랑이가 터져도 모른다면 문제가 있습니다.

라일락이 흐드러지게 피어도 느낌이 없고 넝쿨 장미가 담장을 휘감아

돌아도 무감각하다면 중병입니다.

조금만 우리의 감각을 손질하고 닦아내면 언제나 새로운 활력이 넘칩니다.

아직도 흰눈이 채 녹지 않고 매서운 바람이 얼굴을 때려도 바람 없는

양지녘엔 어느새 새싹이 얼굴을 내밉니다. 얼마나 반가운 손님인가요?

주위에 누가 새 구두를 신고 오셨나요? 한마디하세요.

"예쁜 다리에 새 구두라 참 어울리십니다."

그러므로 무엇이든지 남에게 대접을 받고자 하는 대로 너희도 남을
대접하라 이것이 율법이요 선지자니라 (마 7 : 12)

좋은 일 있으신가 봐요

기쁨을 같이 하면 두배가 되고 슬픔을 같이 하면 절반으로 줄어든다는 말이
있습니다. 좋은 일도 마찬가지입니다. 좋은 일을 만드세요. 좋은 일이 내게
다가오기를 기다리지 말고 좋은 일을 스스로 만들어 보세요.

시골 동내 뒷산에는 찰흙이 나는 언덕이 있었습니다. 바위틈에 빨간 찰흙이
끼어 있었습니다. 나뭇가지로 파내면 이내 한 주먹이 됩니다. 얼마나
부드럽고 잘 뭉쳐지는지 모릅니다. 이것으로 구슬을 빚어 구슬치기도 하고,
토끼도 만들고 사람도 만들었습니다. 시간 가는 줄도 모를 정도로
재미있습니다. 귀가 큰 토끼, 코가 큰 코끼리, 목이 긴 기린, 밥그릇, 국그릇,
빚는 대로 만물상이 됩니다. 그러나 만들지는 않고 꼭 심술을 부려서
망쳐놓는 친구도 있습니다.

좋은 일을 만드는 사람이 있습니다. 이 모양 저 모양으로 만들기를 좋아하는
사람이 있습니다. 그러나 만들어 놓은 좋은 일을 망치는 사람도 있습니다.
만드세요. 좋은 일을 많이 만드세요.

우리가 들은즉 너희 가운데 규모 없이 행하여 도무지 일하지 아니하고
일만 만드는 자들이 있다하니 (살후 3 : 11)

기도하면 되잖아요

이런 노래 가사가 있습니다. "기도 할 수 있는데 왜 낙심하십니까? 기도하면 되는데 왜 근심하십니까?" 그렇습니다. 기도하면 됩니다.

열 번 걱정하는 것보다 한 번 기도하는 것이 더 낫다고 합니다.

이 세상에 걱정 없는 사람이 어디 있겠습니까? 어느 개인이나 가정을 막론하고 염려 없는 곳이 어디 있겠습니까? 누구나 걱정 근심은 배우지 않아도 잘 합니다. 그러나 기도는 잘하지 않습니다. 절박한 순간이나 막다른 곳에 이르러서야 기도의 무기를 사용하려 합니다. 기도는 마지막 순간에만 사용하는 무기가 아닙니다. 오이를 자를 때도 칼을 쓰고 과일을 깎을 때도 칼을 사용하듯이 기도는 일상 생활의 모든 면에 사용해야 합니다.

기도하세요. 기도하면 되잖아요.

> 너는 내게 부르짖으라 내가 네게 응답하겠고 네가 알지 못하는 크고
> 비밀한 일을 네게 보이리라 (렘 33 : 3)

한 번 더 도전해 보세요

마지막 고비에서 포기함으로 실패로 막을 내리는 사람이 있습니다. 몇 번만, 아니 한 번만 더 시도했더라면 이룰 수 있는 일을 놓쳐버리는 결과가 됩니다.

독수리 한 마리가 덫에 걸렸습니다. 독수리는 이 덫에서 벗어나기 위해 힘차게 날아올랐습니다. 그러나 덫에 묶여진 끈은 독수리를 날지 못하게 했습니다. 또다시 거듭거듭 안간힘을 다해 날아오르려 했으나 그때마다 실패만 거듭거듭 할 뿐이었습니다. 그러나 독수리의 발버둥으로 끈은 거의 끊어져 있었습니다. 이제 한 두 번만 더 시도하면 끈은 끊어지고 독수리는 푸른 창공을 향해 날아 오를 수 있었습니다.
그렇지만 독수리는 포기하고 말았습니다.
한 번만 더 날아오르면 자유의 몸이 되는데도 지금까지 안되었던 경험 때문에 포기하고 말았습니다.
지치셨나요? 한 번 심호흡을 하시고 다시 한 번 날아보세요.

우리가 선을 행하되 낙심하지 말지니 피곤하지 아니하면 때가 이르매
거두리라 (갈 6 : 9)

하나님께서 도와 주실 거예요

누가 도와주는 것이 가장 큰 힘이 될까요? 부모의 도움, 스승의 도움,

사장님의 도움, 대통령의 도움, 이 모두가 큰 힘이 될 것입니다.

그 중에서도 대통령께서 직접 나를 도와주신다면 천하에 두려울 것이 없을

것입니다.

그러나 설령 대통령이 우리 아버지라 할지라도 정말 필요한 도움은 주지

못합니다. 생명을 책임져 주지 못합니다. 내일을 인도해 주지 못합니다.

사고와 질병과 재난을 막아주지 못합니다.

사람이 사람을 돕는 것은 한계가 있습니다. 자기자신도 도움을 받고 사는

부족한 존재이기 때문입니다.

하나님의 도우심을 받으세요. 하나님이 도우셔야 홍해가 갈라지고, 반석에서

샘이 넘쳐흐릅니다.

야곱의 하나님으로 자기 도움을 삼으며 여호와 자기 하나님에게 소망을
두는 자는 복이 있도다 (시 146 : 5)

당신과 마주 앉으면 편안해요

마주 앉으면 편안한 사람이 있습니다. 특별한 이야깃거리가 없어도 부담 없이 편안한 사람이 있습니다.

마주 앉으면 불편한 사람이 있습니다. 될 수 있으면 빨리 헤어졌으면 하는 사람이 있습니다.

저만치 멀리 떨어져 있어도 소리쳐 불러 세워서 몇 마디라도 나누고 싶은 사람이 있습니다. 내가 있는 쪽으로 오고 있어도 못본척 슬쩍 피해서 만나고 싶지 않은 사람이 있습니다.

잘나서도 아니고 말솜씨가 있어서도 아닙니다. 특별히 나에게 잘해 주는 것이 있어서도 아닙니다. 그러면 과연 무엇일까요? 무엇이 편안하게 하고 불편하게도 할까요?

진실이라고 생각합니다. 가식없는 순수함이 주는 선물이라고 생각합니다.

편안한 사람이 되세요.

> 그런즉 거짓을 버리고 그 이웃으로 더불어 참된 것을 말하라 이는
> 우리가 서로 지체가 됨이니라 (엡 4 : 25)

·입·술·의·열·매·는·참·으·로·크·다·

위를 바라보세요

사람은 위를 보고 살도록 지어졌습니다. 동물의 머리는 모두 땅을 향해 지어졌지만 사람은 위를 바라보도록 창조되었습니다. 산을 오르는 자는 위를 보고 오릅니다. 성공하는 사람은 모두 위를 보고 나아가는 사람입니다.

멧돼지 한 마리가 몹시 배가 고팠습니다. 그날 따라 아무리 헤매도 토끼 한 마리 보이지 않았습니다. 기진맥진한 상태에 이르러 땅에 떨어진 과일 하나를 발견했습니다. 얼마나 맛이 있는지 허겁지겁 먹어 치웠습니다. 힘이 생기고 눈도 밝아졌습니다. 더 먹고 싶었습니다. 그래서 땅을 팠습니다. 땅에서 발견했으니 땅속에 있을 줄 알았습니다. 그러나 아무리 파고 또 파도 과일은 없었습니다. 발이 모두 부르터서 피가 나고 주둥이도 엉망이 되었습니다. 기진맥진한 멧돼지는 그만 벌렁 드러눕고 말았습니다. 그러나 이게 웬일입니까? 그렇게 찾아 헤맸던 과일들이 나무 위에 셀 수도 없이 많이 매달려 있었습니다. 한 번만 들이받았더라도 몇 개는 땅에 떨어졌을 텐데 이제는 일어날 힘조차 없게 되고 말았습니다.

위엣 것을 생각하고 땅엣 것을 생각지 말라 (골 3 : 2)

욥을 생각하세요

우리에게는 모델이 있습니다.

믿음의 모델은 아브라함이요, 순종의 모델은 이삭입니다. 용서의 모델은
요셉이요, 온유의 모델은 모세입니다.

우리의 믿음이 약해지고 걷잡을 수 없는 분노가 일어날 때 모델을
바라보아야 합니다. 용서하기 힘들 때는 요셉을 생각해야 하고, 교만이 나를
주장할 때는 모세를 떠올려야 합니다. 고난이 나를 떠나지 않을 때는 역시
욥을 생각해야 합니다. 아무리 내가 당하고 있는 환란이 크다해도
욥만큼이야 되겠습니까? 내게 있는 모든 것이 사라져 갔다 해도 욥만큼이야
되겠습니까? 시련의 한복판에 서서 욥을 바라보세요. 욥 뒤에 서 계시는
예수님을 볼 수 있을 것입니다. 예수님은 욥보다 더 큰 시험과 고난을
당하셨기에 우리의 고난을 이해하십니다.

모델을 바라보세요.

너희가 참음은 징계를 받기 위함이라 하나님이 아들과 같이 너희를 대우
하시나니 어찌 아비가 징계하지 않는 아들이 있으리요 (히 12 : 7)

177

억지로라도 해 보세요

억지로라도 해야 할 일들이 많습니다. 좋은 일은 대부분 억지로 해야 할

경우가 많습니다.

공부가 꼭 하기 좋아서 합니까? 해야하니까 억지로라도 하는 것이지요.

군대가 좋아서 갑니까? 나라를 지키고 자유를 유지해야 하기에 억지로라도

가는 것입니다.

훈련이 즐거워서 합니까? 유사시에 임무를 수행할 수 있는 능력을 길러야

하기에 힘들어도 억지로 하는 것입니다.

약이 좋아서 먹습니까? 병이 낫기 위해서 억지로라도 먹는 것입니다.

수술이 좋아서 합니까? 생명을 살려야 하기에 힘들어도 하는 것입니다.

하기 싫어 꾀가 나는 일들이 있습니까? 자꾸 미루고 싶은 일들이 있습니까?

억지로라도 해 보세요.

시작이 반이라는 말이 있듯이 일단 시작하면 해 낼 수 있을 것입니다.

자! 팔을 걷어붙이고 외쳐 보세요. "파이팅!!"

나가다가 시몬이란 구레네 사람을 만나매 그를 억지로 같이 가게 하여
예수의 십자가를 지웠더라 (마 27 : 32)

좋은 약은 입에 쓰잖아요

좋은 약은 입에 씁니다. 좋은 일은 힘듭니다.

나쁜 것들은 가만있어도 잘 되는데 좋은 것들은 힘쓰고 애써야 가능합니다.

희생이 따라야 하고 손해가 따라야 됩니다.

몸을 상하게 하는 음식들은 맛이 좋습니다. 사탕도, 초콜릿도, 콜라도 맛있고

시원합니다. 그러나 몸에 유익한 음식들은 맛도 없고 먹기도 힘듭니다.

사람은 서면 앉고 싶고, 앉으면 눕고 싶어집니다.

말을 타면 이제는 종을 부리고 싶어집니다. 소의 고삐를 길게 해주면 남의

밭에 들어가 농사를 망쳐 놓습니다.

고삐를 조이세요. 힘든 일이라도 감당하세요.

좋은 약은 입에 쓰듯이 힘든 일들을 통해서 큰 축복이 주어질 것입니다.

하나님은 아프게 하시다가 싸매시며 상하게 하시다가 그 손으로
고치시나니 (욥 5 : 18)

몰라보게 날씬해 지셨군요

대통령께서 '범죄와의 전쟁'을 선포하신 이후로 '전쟁'이라는 단어가 자주
등장했습니다. '입시와의 전쟁', '육체와의 전쟁'이 나오더니 얼마 전에는
'살과의 전쟁'이라는 드라마가 있었습니다.

살이 풍성하다는 이유로 이웃은 물론 가족과 심지어는 어린 딸로부터 심한
모욕을 당한 중년부인이 드디어 '살과의 전쟁'을 선포하고 이를 악물고
애쓰는 가운데 일어나는 사건들을 엮은 드라마였습니다.

웃을 수도, 울 수도 없는 '전쟁 중의 전쟁'이었습니다.

이처럼 날씬해진다는 것이 얼마나 비중이 큰지 모릅니다.

주위에 날씬해져 보이는 분이 계십니까?

날씬해졌다고 말해 주세요.

기분 좋게 되는 일인데 인색할 필요가 없지 않을까요?

좋은 말은 해서 좋고 나쁜 말은 참아서 좋습니다.

> 지혜 있는 자의 혀는 지식을 선히 베풀고 미련한 자의 입은 미련한 것을
> 쏟느니라 (잠 15 : 2)

새 소리가 아름답군요

새 소리가 아름답게 들리면 걱정할 것이 없습니다. 정서가 있고 여유가 있다는 증거입니다.

남들은 새 소리가 들린다고 하는데 내겐 들리지 않는다면 걱정입니다.

새 소리가 아름답다고 하는데 시끄럽게 들려도 걱정입니다.

마음의 병이 있다는 신호입니다. 새 소리에 귀를 기울이세요. 풀벌레 소리에 마음을 쓰세요. 나뭇가지를 스쳐 가는 바람소리를 들으세요. 창가에 속삭이는 빗소리를 들으세요. TV소리, 자동차의 경적 소리만이 우리의 귀를 때린다면 얼마나 삭막한 삶입니까?

새는 도시에도 날아듭니다. 귀뚜라미는 서울의 창가에도 콘서트를 엽니다. 나뭇가지를 스치는 바람소리는 공장 지대에도 들립니다. 얼마만큼 마음의 귀를 열어 놓느냐가 열쇠입니다.

귀를 기울여 보세요. 작은 소리들을 들으세요.

여호와여 주의 하신 일이 어찌 그리 많은지요 주께서 지혜로 저희를
다 지으셨으니 주의 부요가 땅에 가득하니이다 (시 104 : 24)

구름이 하늘에 그림을 그리고 있어요

하늘에 그림을 그려보세요. 종이에는 작은 그림밖에 그리지 못합니다.

넓고 넓은 하늘을 캔버스로 해서 그림을 그리세요. 꿈을 그리세요.

어릴 적 뒷동산에 자주 올랐습니다. 잔디밭에 팔베개를 하고 누우면 구름이

그림을 그립니다. 코끼리를 그리다가 이내 양을 또 그려내고 독수리를

그리는가 싶으면 한국 지도를 그려냅니다. 용을 그리고 세계지도를

그립니다. 구름은 미술을 전공했나 봅니다.

시간 가는 줄 모르게 나도 따라 그림을 그리다 보면 구름은 물감을 바꿉니다.

온통 붉은 색으로 그림을 그립니다. 초록색 산을 검게 칠해 놓고는 하얀

구름을 붉은 물감으로 바꿔 놓습니다. 넓고 또 넓은 하늘에 장엄하고 황홀한

절경을 그려 놓습니다. 한쪽에는 초생달을 올려놓고 사이사이에 별을 박아

놓습니다.

황홀함에 가슴이 메어지는 순간이 오면 어머니의 목소리가 꿈을 깨우고

맙니다.

"길상아이 - 저녁 묵어라"

> 하늘이 하나님의 영광을 선포하고 궁창이 그 손으로 하신 일을
> 나타내는도다 (시 19 : 1)

천둥이 쳐도 무섭지 않아요

아주 어렸을 때의 일은 기억하지 못한다고 합니다.

제가 기억하고 있는 가장 어렸을 때의 기억은 천둥소리에 놀라 울었던
기억입니다. 세차게 쏟아지는 소나기가 막 지나고 햇빛이 구름 사이로
얼굴을 내미는 순간 돌담에 핀 나팔꽃이 예뻐 보였습니다. 장독을 기어올라
가까스로 한 손을 돌담에 짚고 나팔꽃을 꺾으려는 순간이었습니다. 갑자기
번쩍하며 눈앞에 섬광이 스치는 동시에 "우르르 꽝" 하고 천둥이 쳤습니다.
얼마나 소리가 컸던지 장독이 깨어지고 돌담이 무너져 내리는 줄
알았습니다. 균형을 잃고 나뒹굴어 떨어져 울었습니다. 할머니가 달려오셔서
달래셨지만 그날 이후로 천둥이 치면 무서웠습니다.

몇 년이 지나 주일학교에 갔습니다. 비오는 날 선생님이 물었습니다.
"천둥이 치면 무서운 어린이는 손들어 보세요" 그래서 얼른 손을
들었습니다. 선생님은 이렇게 말해 주셨습니다. "하나님 아버지가 '나 여기
있으니 걱정 말아라' 하고 우리에게 소리치시는 거야"

그날 이후로는 천둥이 쳐도 무섭지 않습니다. 오히려 마음이 든든해집니다.

천인이 네 곁에서 만인이 네 우편에서 엎드러지나 이 재앙이 네게
가까이 못하리로다 (시 91 : 7)

꽃잎에 맺힌 이슬이 진주 같아요

며칠전 새벽기도를 마치고 집으로 돌아오다 눈이 번쩍 뜨였습니다. 아파트 단지 잔디밭에 민들레가 백발이 되어 막 떠오르는 아침 햇살의 역광을 받아 눈부시게 빛나고 있었습니다. 한 두 송이도 아닌 수십 송이가 흐드러지게 피어 마음을 설레게 했습니다. 뛰다시피 집으로 들어와 카메라를 챙겼습니다. 필름을 넣고, 삼각대를 받치고, 마이크로 렌즈에 접사링을 떨리는 손으로 장착하여 쏜살같이 달려 내려갔습니다. 햇살이 돌아가기 전에 찬스를 포착해야 하기 때문입니다.

잔디밭에 엎드려 민들레 높이로 몸을 엎드리고 핀트를 맞추어 화인더로 들여다 본 백발의 민들레는 황홀함 그 자체였습니다. 순백의 결정체, 깃털 같은 우산 끝에 붙어있는 씨앗들, 이제 바람이 불면 이 씨앗들은 어디든 날아갈 것입니다. 부잣집 정원에도, 가난한 사람의 창가에도, 그리고 병실 옆에도 날아가 나를 보고 힘을 내세요 하고 꽃을 피울 것입니다.

새벽엔 신비가 있습니다. 풀잎에는 진주보다 영롱한 이슬이 맺혀 있습니다. 새벽을 놓치지 마세요. 응답도, 신비도 새벽 속에 있습니다.

비파야, 수금아, 깰지어다 내가 새벽을 깨우리로다 (시 108 : 2)

팔베개를 하고 하늘을 쳐다보세요

하늘은 사람에게 소망을 줍니다. 땅을 내려다보면 한숨이 나오지만 하늘을 올려다보면 심호흡이 나옵니다.

가끔은 야외로 나가세요. 산을 보세요. 들을 보세요. 그리고 하늘을 보는 것도 빼놓지 마세요. 가능하다면 얼마동안이라도 팔베개를 하고 하늘을 쳐다보세요. 근심은 어느새 사라지고 기쁨이 찾아올 것입니다.

좋은 것들은 하늘에서 내려옵니다. 비도 하늘에서 내려오고, 만물의 열매를 맺게 하는 햇빛도 하늘에서 내려옵니다.

동구밖 냇가에 큰 느티나무가 있었습니다. 얼마나 큰지 친구들 셋이서 팔을 이어야 한바퀴가 돌아갑니다. 다람쥐 다음으로 나무를 잘 탔기 때문에 나무 위에 올라가 Y자로 갈라진 가지에 새끼줄을 이리저리 걸쳐서 침대를 만들고 누워서 나뭇잎 사이로 하늘을 쳐다보곤 했습니다. 매미를 벗삼아 콧노래를 불렀습니다.

하늘을 보세요. 하늘은 좋은 것을 내려줍니다.

각양 좋은 은사와 온전한 선물이 다 위로부터 빛들의 아버지께로서 내려
오나니 그는 변함도 없으시고 회전하는 그림자도 없으시니라 (약 1 : 17)

생각이 깊으시군요

깊은 샘에서 솟아나는 샘이 맛이 좋습니다. 뿌리 깊은 나무의 열매가
풍성합니다. 깊은 계곡에 핀 꽃이 더욱 청아합니다. 뱃속 깊은데서 뿜어
올라오는 노래 소리에 청중은 감격합니다. 깊은 고뇌와 사색을 통해서 나온
말들이 명언이 되어 세월이 흘러도 교훈이 됩니다.

지금은 인스턴트 시대입니다. 모든 것이 즉석에서 이루어집니다. 사진도
17분이면 OK입니다. 그래도 성이 안차서 폴라로이드 카메라로 찍어서
찍자마자 사진을 봅니다. 이러한 일들이 현대인들에게 인내를 뺏고 조급한
성격으로 만들어 버렸습니다. 기다림이 좋습니다. 필름을 맡겨 놓고 며칠을
기다리며 기대했던 설레임이 좋습니다. 장작불에 오래 뜸을 들이며 침을
삼키는 기다림이 좋습니다. 라면에 햄버거로 순식간에 해결해 버리는 오늘의
현실이 우리에게 멋과 맛을 뺏아가 버렸습니다.
생각을 깊게 하세요.
오래된 장맛이 좋듯이 오래 걸려 얻는 행복이 값지고 오래 갑니다.

인내를 온전히 이루라 이는 너희로 온전하고 구비하여 조금도 부족함이
없게 하려 함이라 (약 1 : 4)

어머! 첫눈이에요

도시인 중에는 눈을 싫어하는 분이 많습니다. 삭막한 도시일수록 자연의
신비로움이 더 좋아야 하는데 걱정부터 먼저 하게 됩니다. 교통이 막히고 내
소유물인 승용차도 빨리 상하기 때문입니다. 물론 도시에 내리는 눈은
불편한 점도 많습니다. 교통 체증의 짜증도 그렇지만 이내 눈이 더럽혀져 더
지저분한 거리가 되기 때문입니다.

그러나 정서마저 자동차 바퀴에 깔아버리지 마세요. 내리는 눈을 즐기세요.
동심으로도 돌아가 보세요. 데이트라도 신청해 보세요. 멋진 영화라도 한편
보세요.

내가 싫어하든, 불평하든 눈은 내립니다.

현실은 중요합니다. 먹고 사는 일이 낭만보다는 우선이라고 해도 틀린 말은
아닙니다. "분위기가 밥먹여 주나?" 라고 해도 할 말은 없습니다. 그렇지만
적어도 먹고 사는 일 때문에 겨울의 하얀 손님을 미워할 정도라면 무엇
때문에 살고 있는지 한 번쯤은 생각해 보아야 할 것입니다.

> 하나님이 모든 것을 지으시되 때를 따라 아름답게 하셨고 또 사람에게
> 영원을 사모하는 마음을 주셨느니라 그러나 하나님의 하시는 일의 시종
> 을 사람으로 측량할 수 없게 하셨도다 (전 3 : 11)

알뜰하시기도 해라

예전에는 몽당연필이 많았습니다. 짧아서 손에 잡을 수 없는 연필을 붓뚜껑이나 빈 볼펜 끝에 꽂아서 글을 썼습니다. 가난해서도 그랬지만 그것이 일상화되어서도 그랬습니다. 그러나 요즘은 그런 모습을 찾아보기 힘듭니다. 물질적 풍요로움도 원인이겠지만 정신적 풍요가 더 앞서지 않나 생각합니다.

지우개만 해도 얼마나 종류가 많은지 모릅니다. 각종 동물 모습을 비롯해 없는 모양이 없습니다. 지우개만 수집해도 웬만한 진열장을 채울 것 같습니다.

아파트 단지 한쪽에 폐품을 내다버리는 코너가 있습니다. 아직도 멀쩡한 책상, 못만 하나 박으면 쓸 수 있는 의자도 많습니다. 그런 것을 내다버리는 사람도 있지만 또 닦고 손질해서 유용하게 사용하는 사람들도 있습니다. 알뜰하게 사세요. 알뜰은 미덕이요 곧 애국입니다.

> 그 집안 일을 보살피고 게을리 얻은 양식을 먹지 아니하나니 그 자식들
> 은 일어나 사례하며 그 남편은 칭찬하기를 덕행있는 여자가 많으나 그대
> 는 여러 여자보다 뛰어난다 하느니라 (잠 31 : 27~29)

항상 사진이 예쁘게 나오시네요

사진발이 잘 받는 얼굴이 있습니다. 카메라 앞에만 서면 딱딱하게
굳어버리는 것이 일반적인데, 자연스럽게 포즈를 잘 취하는 사람도
있습니다.

늘 불만스러운 것이 하나 있습니다. 실물이 별 것 아니면 사진이라도 잘 나와
주면 좋을 텐데 실물과 사진이 합작해서 마음에 드는 사진이 별로 없습니다.
그래서 찍히는 재미보다는 찍는 재미에 사진을 찍습니다. 옛날 흑백사진은
더 재미있었습니다. 암실에서 희미한 붉은 전구만 켜놓고 인화를 합니다.
인화지에 빛을 쪼인 후 약품에 인화지를 담그면 사람이 생겨납니다. 먼저
짙은 부분부터 살아납니다. 눈썹이 그려지고 콧구멍이 두 개 뻥 뚫리고
머리카락이 살아나면서 서서히 사람이 완성되어 갑니다. 어둠 속에서의 또
하나의 창조입니다.

사진을 보실 때가 많으시죠? 예쁘게 나왔다고 말해 주세요.
마음도 따라서 예뻐질 테니까요.

선한 말은 꿀송이 같아서 마음에 달고 뼈에 양약이 되느니라 (잠 16 : 24)

○입·술·의·열·매·는·참·으·로·크·다·

언제 이렇게 준비하셨어요?

준비가 잘된 행사는 재미도 있고 의미도 있습니다.

준비가 잘된 식사는 맛도 있고 건강에도 좋습니다. 준비를 잘하는 사람은 성공과 가장 가까운 위치까지 와있는 사람입니다. 준비는 생각이 있어야 할 수 있습니다. 정성이 있어야 가능합니다. 준비를 한다는 것은 이미 하고자 하는 일의 절반은 이룬 것입니다. 작은 일이라도 차근차근 잘 준비하는 습관을 가지세요. 큰일이 주어져도 해 낼 수 있습니다.

슬기로운 다섯 처녀는 여분의 기름까지 준비했습니다. 미련한 다섯 처녀와 약간의 차이입니다. 여분의 기름을 조금 더 준비한, 한 번 더 생각한 작은 차이였습니다.

그러나 결과는 너무나 다르게 나타났습니다. 식사자리에 초대 받으셨나요?

준비한 분에게 말해 주세요.

"언제 이렇게 준비하셨어요?"

그러므로 너희도 예비하고 있으라 생각지 않은 때에 인자가 오리라
(마 24 : 44)

아이디어 뱅크시군요

아이디어 뱅크가 되세요. 돈을 저축해 놓고 살면 여유가 있듯이 아이디어가 저축되어 있으면 삶이 풍성해집니다. 어려운 일이 있을 때 아이디어 뱅크에서 해결안을 인출할 수 있습니다. 답답하고 어찌할 줄 모를 때도 아이디어 뱅크에 카드를 넣고 비밀번호를 눌러 실마리가 척척 나오면 얼마나 좋을까요? 은행에서 돈을 찾아 쓰려면 먼저 돈이 들어가 있어야 합니다. 아이디어 뱅크에서 기발한 아이디어를 꺼내 쓰려해도 아이디어가 저축되어 있지 않으면 꺼내 쓸 수가 없습니다. 남의 통장 아무리 넘겨다봐도 소용없는 일입니다.

아이디어 뱅크가 되는 비결은 생각이 깊어야 합니다. 자연을 사랑하고 창조의 신비를 깨달아야 합니다. 클래식 음악을 즐겨 들어야 합니다. 사랑할 줄 알아야 합니다. 감정이 풍부해야 합니다. 그러나 무엇보다도 첫 번째는 성경을 많이 읽고 진리를 깨달아야 합니다.

아이디어 뱅크가 되어서 많은 사람에게 대출해 주세요.

모든 성경은 하나님의 감동으로 된 것으로 교훈과 책망과 바르게 함과
의로 교육하기에 유익하니 (딤후 3 : 16)

늘 자신감에 넘치신 모습을 보며 힘을 얻습니다

세상을 승리자의 자세로 사는 분들이 있습니다.

세상을 마치 패배자처럼 힘없이 사는 분들도 있습니다.

우리는 승리자입니다. 예수 그리스도를 믿음으로 말미암아 승리자가

되었습니다. 우리의 대적이 강하나 우리를 돕는 분은 더 강하십니다.

자신감은 신뢰에서 나옵니다. 확신에서 나옵니다.

유치원에 다니는 옆집 꼬마는 겁이 없습니다. 자기 또래는 물론 큰 아이들

앞에서도 항상 당당합니다. 그 아이가 큰소리치고 다니는 내용을 어른이

들으면 우습지만 그 아이에게는 대단한 신뢰요 힘입니다.

"우리 아버지는 예비군이다!" 이것이 그 아이의 당당함의 원인이었습니다.

자기 눈에는 얼룩무늬 예비군복을 입고 거울을 보는 아버지가 천하의

대장으로 보인 것입니다.

하나님을 신뢰하고 당당하게 사는 것이 바로 우리의 힘입니다.

이것을 너희에게 이름은 너희로 내 안에서 평안을 누리게 하려 함이라
세상에서는 너희가 환난을 당하나 담대하라 내가 세상을 이기었노라
(요 16 : 33)

당신 차에 타면 마음이 편안해요

운전은 인격이라고 했습니다. 운전 습관을 보면 성격도 알 수 있고 교양도 알 수 있습니다. 참을성이 있는지, 양보심이 있는지, 준법정신이 어느 정도인지, 위기 상황 때 대처하는 순발력이나 침착성이 있는지, 여러 가지를 알 수 있습니다.

옆에 앉으면 마음이 편안한 운전이 있습니다. 계기판을 보면 상당한 속도로 달리는데도 불안하지가 않습니다. 차선을 바꾸거나 추월을 해도 불안이 없습니다. 창밖으로 시선을 돌려 스쳐 지나가는 풍경에 도취될 수 있습니다.

때로는 불안한 여행도 있습니다. 장거리가 아닌데도 불안하고 시간이 안 갑니다. 속도를 조금만 높여도 안전벨트를 조여 매고, 차선을 바꾸면 조마조마하고 추월을 하면 불안해집니다. 온몸에 힘이 들어가고 특히 두 발을 앞으로 버티고 얼마나 힘을 주는지 모릅니다. 창밖에 꽃이 피었는지 시냇물이 흘러가는지 그런 것을 볼 여유가 없습니다.

편안한 분 옆좌석에 앉으셨나요? 한 말씀 해 주세요.

"당신 차에 타면 마음이 편안해요."

> 평안을 너희에게 끼치노니 곧 나의 평안을 너희에게 주노라 내가 너희에게 주는 것은 세상이
> 주는 것 같지 아니하니라 너희는 마음에 근심도 말고 두려워하지도 말라 (요 14 : 27)

너를 친구로 사귀게 된 것이 자랑스럽다

좋은 친구는 금보다도 귀합니다. 좋은 친구가 내 주위에 있다면 행복한
사람입니다. 그 동안 많은 친구들이 스쳐지나 갔습니다. 물장구 치고 가제를
잡던 시절의 소꿉 친구들, 새끼줄을 둘둘 말아 공을 찼던 초등학교 시절의
개구쟁이 친구들, 서울로 올라와 보니 얼굴이 하얗고 공부도 잘하는 도시의
친구들, 순식간에 지나가 버린 캠퍼스의 친구들, 어렴풋이 얼굴만 기억되는
친구도 있고 지금까지 연락이 되는 친구도 있습니다.

그 친구들 중에 자랑스러운 친구가 얼마나 있는지 생각해 봅니다.
그 친구들에게 내가 자랑스러운 친구가 되어주었는지도 생각해 봅니다.
몇 명의 친구가 나를 자랑스러운 친구로 생각해 줄지 도무지 자신이
없습니다.
좋은 친구가 있습니까? 다이얼을 돌리세요.
"너를 친구로 사귀게 된 것이 자랑스럽다"

기름과 향이 사람의 마음을 즐겁게 하나니 친구의 충성된 권고가 이와
같이 아름다우니라 (잠 27 : 9)

그럴만한 사정이 있었겠지

이해의 눈으로 보면 이해 못할 일이 없습니다. 용서의 눈으로 보면 용서 못할
일이 없습니다. 그럴만한 사정이 있었겠지 라고 생각하고 이해하면 문제될
것이 없습니다. 일찍 서둘렀는데도 예상 외로 길이 막혀 늦을 수도 있고
예기치 못한 일이 생겨서 약속을 못 지킬 경우도 있습니다.
사연은 들어보기도 전에 욕을 하거나 자초지종을 알아보기도 전에 결정해
버리면 안됩니다.

모임에 회원 한 분이 늦게 왔습니다. 한사람 때문에 전체가 늦게 된다고 모두
욕을 했습니다. 그러나 사연을 들어보니 그분이 아니었으면 그날의 행사를
그르칠뻔 했습니다. 그날 가고자 했던 목적지가 사고로 인해 갈 수 없게 된
장소였기 때문입니다.
그분은 그것을 여러 곳에 연락해서 확인하느라고 늦었던 것입니다.
비판에 앞서 먼저 이해하는 습관을 가지세요.

사연을 듣기 전에 대답하는 자는 미련하여 욕을 당하느니라 (잠 18 : 13)

참 고마우신 분이야

주위를 살펴보면 고마우신 분들이 많습니다. 불평의 시선으로 돌아보면 한 사람도 안 보이는데 감사의 눈으로 바꾸어서 둘러보면 고마운 분들이 얼마나 많은지 모릅니다.

얼마전 스승의 날 신문에 가슴이 찡한 감동적인 이야기가 실려 있었습니다. 가난한 선생님 한 분이 늘 낡아빠진 자전거를 타시고 학교를 다니셨습니다. 그래도 그 선생님은 늘 표정이 밝으셨다고 합니다. 다른 선생님들은 자가용을 타고 오는데 자기 반 선생님은 낡은 자전거를 타시는 것이 안타까워서 반 친구들이 선생님 몰래 돈을 모아서 스승의 날에 새 자전거를 선생님께 선물했다는 것입니다.
선물을 받은 선생님이 학생들 앞에서 우셨습니다. 학생들도 눈시울을 적셨습니다. 이 소식을 전해들은 학부모들도 진한 감동을 느꼈다고 합니다. 긴 가뭄 끝에 단비와도 같은 소식입니다.
고마우신 분들을 찾아 감사의 인사를 하세요.

여호와께서 내게 주신 모든 은혜를 무엇으로 보답할꼬 (시 116 : 12)

또 오고 싶은 곳이지요?

또 가고 싶은 곳이 있습니다. 또 가도 여전히 또 가고 싶은 곳이 있습니다. 한 번만 가면 다시는 가고 싶지 않은 곳도 있습니다. 시설이 좋아서도 아니고 편리해서도 아닙니다. 어딘지 모르게 정이 가고 마음이 편해서 그런 것 같습니다.

한 번 만나면 또 만나고 싶은 사람이 있습니다. 특별히 나눌 얘기는 없어도 그냥 만나기만 해도 좋은 사람이 있습니다. 또 만나게 될까봐 걱정되는 사람이 있습니다. 특별히 해롭게 하는 것은 없는 것 같은데 피하고 싶은 사람이 있습니다.

산은 가도 또 가고 싶습니다. 설악산을 몇 번 갔는데 또 가고 싶습니다. 지리산도 또 가고 싶습니다. 언제나 말없이 포근하게 나를 받아주기 때문입니다. 계절마다 새로운 모습으로 아무런 요구 없이 그저 묵묵히 맞아줍니다.

사람도, 가게도 산과 같아야 될 것 같습니다.

그래야 또 오고 싶고 또 만나고 싶지 않을까요?

또 그 집에 들어가면서 평안하기를 빌라 (마 10 : 12)

상쾌한 아침입니다

몇 년을 벼르다 드디어 눈덮힌 겨울 설악을 올랐습니다. 새벽부터 하루종일 무릎까지 빠지는 눈과 육중한 카메라와 배낭과 싸움을 해가며 대청을 올랐을 때는 석양이 대청봉을 붉게 물들이고 있었습니다. 대청 산장에서 잠을 설치고 새벽에 카메라를 챙겨들고 산장을 나섰습니다. 매서운 바람은 몸을 가누지 못할 정도로 몰아쳤고 바람에 흩날리는 눈이 시야를 가렸습니다. 가지고 간 옷을 모조리 껴입고 눈만 빼꼼히 나오는 털모자를 뒤집어쓰고 대청을 올랐습니다.

술취한 사람 마냥 이리 비틀 저리 휘청거리며 아무도 없는 비탈을 무엇에 홀린 사람처럼 올랐습니다. 아침을 만나보기 위함이었습니다. 대청의 상쾌한 아침! 아무도 없는 혼자만의 아침! 태양은 동해에서 솟아오르고, 형언할 수 없는 감동은 가슴에서 솟아올랐습니다.

오! 상쾌한 아침이여! 오! 하나님의 오묘하심이여!

아침을 상쾌하게 시작하세요.

어제의 슬픔이 있다 하더라도 오늘 아침은 상쾌하게 시작하세요.

내가 주께 감사하옴은 나를 지으심이 신묘막측 하심이라 주의 행사가
기이함을 내 영혼이 잘 아나이다 (시 139 : 14)

저녁 노을이 참 아름답군요

저녁 노을은 우리를 살맛나게 합니다. 하루를 되돌아보게 합니다. 도시의
저녁 노을은 대자연에서보다는 못하지만 그래도 멋이 있습니다. 한강의 저녁
노을도 멋이 있습니다.

지리산 100여리 주능선에서는 구름이 걷힐 날이 없고 능선과 계곡에는 비와
눈과 안개가 그칠 날이 없습니다. 이런 대자연의 파노라마 중에서도 최고의
장관이라면 천왕봉 일출과 반야봉 낙조라고 합니다. 천왕봉 일출을 촬영하기
위해 세 번을 올랐으나 실패했고 반야봉 낙조도 지난해에 도전해
보았습니다. 뱀사골 산장에서 배낭을 풀어놓고 카메라만 집어든 채 허겁지겁
반야봉을 올랐습니다. 지리산 제2의 고봉인 1,734m의 반야봉, 이 봉우리에서
지켜보는 낙조의 경건한 모습, 휘황찬란한 빛을 뿌린 뒤 잿빛 노을 속으로
사라지는 순간 무한한 감동을 준다는 봉우리입니다.
그러나 그날의 기상 상태는 말이 아니었습니다. 카메라 셔터 한 번 눌러보지
못하고 훗날을 기다리며 내려오고 말았습니다.
그러나 제 가슴엔 황금빛 노을이 보입니다. 언제나 기대하며 오늘을 삽니다.

해와 달아 찬양하며 하늘 위에 있는 물들도 찬양할지어다 (시 148 : 4)

뭉게 구름을 보고 있노라면
희망이 피어오르는 것 같아요

여름 하늘에는 뭉게 구름이 피어오릅니다.

더위에 지치고 불쾌 지수에 눌려도 뭉게 구름을 쳐다보면 피어오르는

구름에 더위도 짜증도 사라집니다. 잔디밭에 팔베개를 하고 뭉게 구름을

쳐다보면 마치 구름 따라 둥둥 떠다니는 느낌을 받습니다. 뭉게 구름은

거품처럼 부풀어 오릅니다. 솜사탕처럼 눈부시도록 아름답게 피어오릅니다.

뭉게 구름에 슬픔을 실어 보세요. 두둥실 저 멀리 날려 버립니다.

뭉게 구름에 근심을 실어 보세요. 푸른 하늘 저편으로 날려버립니다.

뭉게 구름에 희망을 실어 보세요. 작은 희망을 부풀려서 온 하늘에 가득

채웁니다. 뭉게 구름에 사랑을 실어 보세요. 내 마음에도 사랑의 뭉게 구름이

두둥실 피어납니다.

도시의 빌딩 숲에서 아래를 쳐다봐야 아스팔트에 덕지덕지 붙은 껌자국

뿐입니다. 위를 보세요. 희망이 보일 것입니다.

> 오직 여호와를 앙망하는 자는 새 힘을 얻으리니 독수리의 날개치며 올라감
> 같을 것이요 달음박질하여도 곤비치 아니하겠고 걸어가도 피곤치 아니하리
> 로다 (사 39 : 31)

꼭 맞춤 같군요

옷이 몸에 잘 맞으면 맵시가 납니다. 옷만이 아니라 무엇이든지 맞으면 보기가 좋습니다. 긴 얼굴에 맞는 모자가 있고 동그란 얼굴에 맞는 모자가 있습니다.

30대 초반에 미국으로 이민간 친구가 있습니다. 3년 후에 고국에 다니러 나와서 반갑게 만났습니다. 만나보니 얼굴이 많이 달라져 있었습니다. 콧수염을 길게 기르고 나타났습니다. 웃음이 먼저 나왔습니다. 마치 채플린을 보는 것 같이 어색하게 보였습니다. 그러나 사연이 있었습니다. 미국엘 가니 자기보다 새까맣게 어린 녀석들이 통통한 얼굴을 보고 자기를 애 취급하더라는 것입니다. 그래서 나이를 보여주기 위해 콧수염을 기르기로 하고 서점을 찾았더니 콧수염에 관한 책만 해도 여러 종류가 있더라는 것입니다. 둥근 얼굴에 맞는 콧수염, 피부색에 맞는 콧수염, 눈의 크기에 맞는 콧수염, 코의 높이에 맞는 콧수염, 입모양·턱모양에 맞는 콧수염 선택법이 다 따로 있더라는 것입니다.

어울리게 잘 꾸민 사람을 만나셨나요? 잘 어울린다고 말해 주세요.

사람은 그 입의 대답으로 말미암아 기쁨을 얻나니 때에 맞는 말이
얼마나 아름다운고 (잠 13:23)

한복이 잘 어울리네요

한복은 우리의 옷입니다. 한복은 우아합니다. 한복에는 범치 못할 기품이 숨어 있습니다. "우리 것은 소중한 것이여!"라는 광고가 있듯이 한복은 소중한 유산 중의 하나임에 틀림없습니다.

청바지가 편리합니다. 캐쥬얼이 간편합니다. 그래도 한복을 입을 때는 입어야 합니다. 세계 어디에 내 놓아도 우아한 기품과 혼이 담겨 있는 이 한복을 잘 차려입어야 합니다.

한복을 입을 일이 흔치는 않습니다. 불편한 것도 사실입니다. 그래도 입어야 할 때는 입어야 합니다.

우리의 것은 이어가야 합니다. 좋은 전통은 살려 나가야 합니다.

이스라엘 민족은 수천 년이 지나도 유월절을 철저히 지켜나가듯이 우리의 것은 우리가 살려나가야 합니다.

한복을 곱게 차려입은 분을 만나셨나요. 우아하게 한마디 해 주세요.

"한복이 참 잘 어울리네요"

여자들 중에 내 사랑은 가시나무 가운데 백합화 같구나 (아 2 : 2)

최고의 날이었습니다

누구에게나 최고의 날이 있습니다. 최고의 날이라고 생각하는 기준은 사람에 따라 다소 차이가 있지만 최고의 날은 역시 좋은 날입니다. 대학 합격이 최고의 날인 사람이 있을 것입니다. 결혼식 날이 최고의 날인 사람도 있을 것입니다. 결혼한지 10년이 지나서도 아이가 없다가 천신만고 끝에 첫 아들을 낳은 날이 최고의 날이 된 사람도 있을 것입니다.

당신의 최고의 날은 언제입니까? 합격? 결혼? 취직? 승진? 올림픽 금메달? 대통령 표창? ···.

그러나 최고의 날을 너무 거창하게 잡지 마세요.
하루하루의 평범한 삶속에서 최선을 다한다면 그날 그날이 최고의 날이 될 수 있습니다. 후회 없는 하루! 최선을 다한 하루! 작은 도움을 베푼 하루! 용서하고 관용을 베푼 하루! 작지만 따뜻한 위로의 말을 건네준 하루라면 최고의 날이 됩니다.

낮에는 여호와께서 그 인자함을 베푸시고 밤에는 그 찬송이 내게 있어
생명의 하나님께 기도하리로다 (시 42 : 8)

기쁨을 찾아보세요 가까이에 있을 것입니다

우리는 너무 큰 것을 좋아합니다. 그래서 웬만한 것은 시시하게 생각합니다.
그 속에 있는 최고의 것을 찾아보려는 노력은 하지 않고 자꾸만 눈을 돌려
더 크고, 더 화려하고, 더 신비하고, 더 황홀한 것들을 찾아 수없이
방황합니다. 그런 사람에게는 언제나 만족이 없고 공허함만이 가슴을
때립니다.
해외여행 붐이 일고 있습니다. 어느 신문을 막론하고 해외여행 광고가 나지
않은 신문이 없습니다. 수없이 몰려나갔다 물 쓰듯 돈을 쓰고 옵니다.
과연 무엇을 배우고 무엇을 느끼고 돌아왔는지 모르겠습니다.
먼저 가까이에서 찾아보세요. 가슴 벅찬 감동이 가까이에도 수없이
많습니다.

어제 지리산을 올랐습니다. 뱀사골 산장에서 잠을 설치고 아침에 토끼봉을
올랐습니다.
숨을 몰아쉬며 봉우리를 딛는 순간 아! 이 장엄함이여, 봉우리와 봉우리를
휘감아도는 운해의 장관! 카메라 렌즈를 바꾸어 낄 여유도 없이 순간순간
달라지는 드라마,

순식간에 봉우리가 바다에 잠기는가 싶으면 또다른 봉우리가 불쑥

솟아오르고 천지가 새하얀 구름 속에 아무 흔적도 없다가 느닷없이 또 다른

모습으로 나타나는 하나님의 솜씨! 가슴도 떨리고, 손도 떨리고, 바위 위에

서 있었지만 다리도 떨렸습니다.

가까이에서 찾아보세요. 주머니 속에서도 행복은 있습니다.

이와 같이 너희도 기뻐하고 나와 함께 기뻐하라 (빌 2 : 18)

°입·술·의·열·매·는·참·으·로·크·다°

저분은 숨은 일꾼이에요

일꾼은 두 가지가 있습니다. 일도 열심히 하고 칭찬도 많이 듣는 일꾼이 있고, 일은 열심히 하나 칭찬은 듣지 못하는 일꾼이 있습니다.

앞의 일꾼은 리더적인 일꾼이요, 뒤의 일꾼은 협조적인 일꾼입니다. 이런 분을 숨은 일꾼이라고 합니다. 사람 앞에서는 영광을 받지 못하나 하나님께 칭찬과 인정을 받는 일꾼입니다.

물론 모두 훌륭한 분들입니다. 그러나 드러난 일꾼의 수보다는 숨은 일꾼이 더 많아야 좋은 교회요 좋은 회사가 됩니다.

누가는 숨은 일꾼입니다. 바나바도 숨은 일꾼입니다.

실라도 숨은 일꾼입니다. 훌륭한 지도자 옆에는 항상 숨은 일꾼이 있었습니다. 그분들을 굳이 찾아내서 박수를 보낼 필요는 없습니다.

그분들은 사람의 박수를 원치 않았기에 숨은 일꾼이 되었으니까요.

지도력이 있으십니까? 좋은 일꾼이 되십시오.

지도력도 없고 별다른 재능도 없다고 생각하십니까? 그러면 좋은 기회입니다. 숨은 일꾼이 되십시오.

> 네 구제함이 은밀하게 하라 은밀한 중에 보시는 너의 아버지가 갚으시리라
> (마 6 : 4)

그 용기에 감탄했습니다

용기는 젊은이들의 전유물이 아닙니다. 용기 있는 소년도 있고 용기 있는
노인도 계십니다.
소년 다윗은 이스라엘의 훈련받은 정예병들이 엄두도 못내는 큰일을
했습니다. 노인 갈렙은 85세에 여호수아 앞에서 당당히 말했습니다.

"이제 보소서 여호와께서 이 말씀을 모세에게 이르신 때부터 이스라엘이
광야에 행한 이 사십오년 동안을 여호와께서 말씀하신 대로 나를 생존케
하셨나이다. 오늘날 내가 팔십오세로되 모세가 나를 보내던 날과 같이
오늘날 오히려 강건하니 나의 힘이 그때나 이제나 일반이라 싸움에나
출입에 감당할 수 있사온즉 그날에 여호와께서 말씀하신 이 산지를 내게
주소서 당신도 그날에 들으셨거니와 그곳에는 아낙 사람이 있고 그
성읍들은 크고 견고할지라도 여호와께서 혹시 나와 함께 하시면 내가 필경
여호와의 말씀하신 대로 그들을 쫓아내리이다"

갈렙은 여호수아의 허락을 받아 헤브론을 기업으로 차지하는 용기의 사람이

되었습니다.

용기를 잃지 않으면 모든 것이 가능합니다.

두려워 말라 내가 너와 함께 함이니라 놀라지 말라 나는 네 하나님이 됨
이니라 내가 너를 굳세게 하리라 참으로 너를 도와주리라 참으로 나의
의로운 오른손으로 너를 붙들리라 (사 41 : 10)

하나님 은혜가 아니면 어림없는 일이었지요

며칠 전에 지리산 촬영길에 올랐습니다. 3박 4일의 여정으로 오르고 내리기를 무려 61km, 150여리의 길을 숨가쁘게 올랐습니다.

등에는 무거운 배낭이 어깨를 짓누르고, 두손은 카메라와 삼각대가 손을 저리게 했습니다. 가파른 언덕길이 많아 1m를 가더라도 두 세 걸음 이상을 옮겨야 하니 61km를 따져보니 거의 20만 번의 발자국을 옮겨야 했습니다. 하나님 은혜가 아니면 어림없는 일이었다고 믿는 것은 바로 이것입니다.

20만 번의 발자국을 옮겨 딛는 동안 단 한번도 발을 헛디디지 않은 것입니다. 20만 번 중 한번이라도 헛디디어 발을 삐었거나 사고를 당했다면 깊은 산 속에서 어떻게 되었을까요? 20만 번 중 한번도 같은 조건은 없었습니다. 때로는 날카로운 돌, 때로는 나무뿌리, 때로는 가랑비가 내리는 미끄러운 길이었습니다. 20만 번 : 0, 이런 기적이 있을까요? 그것도 동료와 같이 갔으니 40만 번 : 0 이 되는 셈입니다.

하나님 은혜가 아니면 어림없는 일이었습니다.

여호와께서 내게 주신 모든 은혜를 무엇으로 보답할꼬 (시 116 : 12)

기대하세요

크리스마스를 이틀 앞두고 있습니다. 예수 그리스도를 믿든, 믿지 않든 이
날은 인류 최고의 날입니다. 그저 남따라 막연히 기뻐해서는 안될, 생각하며
기뻐해야 할 소중한 날입니다.

그러나 안타까운 것은 기뻐는 하되 왜 기뻐해야 하는지도 모르고 기뻐하고
있는 것 같습니다. 술주정뱅이가 만취가 되어 몸을 가누지도 못하고 교회
앞을 지나가면서 교회에서 들려오는 크리스마스 찬송을 들으며 한다는 말이
"교회에서도 크리스마스날 무슨 일이 있는 모양이지?" 했다는 것입니다.

백화점의 찬란한 조명, 화려한 장식, 가게마다 들려오는 캐롤송, 곳곳에
설치된 츄리, 오고 가는 선물, 주고받는 크리스마스 카드들. 그러나 그 속에
구속의 주님으로 오시는 하나님의 아들은 실종되고 장사와 선심과 알 수
없는 설레임으로 정신없이 맞지는 않는지요?

기대하세요. 기다리세요. 생각하며 기다리세요. 마음이 들떠 있다면 왜
그런지 생각하세요. 나에게 구속의 주님으로 오시는 하나님의 아들이 내
가슴속에서 생생해 지기 전에는 무작정 기뻐하지 마세요.

> 좋은 소식을 가져오며 평화를 공포하며 복된 좋은 소식을 가져오며 구원을 공포하며 시온을 향하
> 여 이르기를 네 하나님이 통치하신다 하는 자의 산을 넘는 발이 어찌 그리 아름다운고 (사 52 : 7)

어서 오세요

크리스마스입니다. 하나님의 아들이 이 땅에 내려오신 날입니다. 인류에게
구원의 빛이 비친 생명의 날입니다. 이 땅을 뒤덮고 있던 마귀의 검은
그림자를 걷어내고 생명의 빛이 찬란하게 비친 날입니다.

그러나 예나 지금이나 "어서 오세요" 하고 진정으로 기다리는 사람은 많지
않습니다. 여관집 주인도, 헤롯 왕도, 대제사장도, 율법사와 서기관도
하나님의 아들을 알아보지 못했습니다. 들에서 양을 치던 초라한 목자들,
멀리서 별을 보고 따라온 박사들, 말 못하는 짐승들만이 아기 예수를
맞이했습니다.

너무도 축복을 많이 받아서, 내 삶이 화려하고 바빠서, 오르지 못할 욕망에
사로 잡혀서 우리도 오늘 우리에게 오신 예수님을 알아보지 못하고 지나쳐
버리지는 않을까요? 축하행사에 바빠서, 성탄 장식에 바빠서, 막상 아기
예수는 밖에다 내몰고 구유만 붙들고 정신없이 뛰고 있지는 않을까요?
차분히 마음을 가다듬고 구세주를 영접합시다.

"어서 오세요"

영접하는 자 곧 그 이름을 믿는 자들에게는 하나님의 자녀가 되는
권세를 주셨으니 (요 1 : 12)

211
∘입∙술∙의∙열∙매∙는∙참∙으∙로∙크∙다∘

얼마 안 남았으니 힘내세요

한해가 얼마 남지 않았습니다. 숨가쁘게 달려온 한 해였습니다. 좋은 일도 있었고, 나쁜 일도 있었습니다. 기쁜 일도 있었고 슬픈 일도 있었습니다. 얼마 안 남았으니 힘내시기 바랍니다.

깊은 산엘 가면 사람 만나기가 쉽지 않습니다. 한참을 가야 만납니다. 반가워서 서로 인사를 합니다. 주로 주고받는 인사는 이렇습니다.

"수고하십니다" "반갑습니다" "어느 쪽에서 올라 오셨나요?"

"얼마 안 남았으니 힘내세요" 등입니다. 그 가운데서도 가장 듣기 좋은 말은 "얼마 안 남았으니 힘내세요" 입니다.

힘들고 지쳐서 주저앉고 싶을 때 듣는 이 말은 힘을 솟게 합니다.

그 험한 봉우리를 오르고 또 오르는 것은 바로 이 말의 힘이 아닌가 합니다. 복음송 가사처럼 "나의 인생길에서 지치고 곤하여 매일처럼 주저앉고 싶을 때" 이때에 조용히 다가오셔서 어깨에 손을 얹으시며 주님은 말씀하십니다.

"힘내거라 내가 너를 도우리라"

> 여호와의 사자가 또 다시 와서 어루만지며 이르되 일어나서 먹으라 네가
> 길을 이기지 못할까 하노라 하는지라 이에 일어나 먹고 마시고 그 식물의
> 힘을 의지하여 사십 주 사십 야를 행하여 하나님의 산 호렙에 이르니라
> (왕상 19 : 7~8)

최후의 승자가 되세요

시작은 아주 좋았는데 끝이 좋지 않으면 실패한 삶입니다. 시작은
화려했는데 끝이 초라하게 되면 허무한 삶입니다. 스타트는 1등으로
끊었는데 골인을 꼴찌로 하면 창피한 일입니다. 시작도 잘 해야겠지만
마지막에 더 신경을 쓰세요. 한해를 어떻게 사셨나요? 결심도 하고 계획도
많이 했지만 뒤돌아보면 못 다한 일들이 많을 것입니다. 그러나 마지막을 잘
장식하세요. 마무리를 잘 하세요.

인생은 마지막을 놓고 승패를 결정 짓습니다. 젊을 때 아무리 화려한 생활을
하고 뭇 사람의 칭송을 한몸에 받았다 하더라도 노년이 허무하면 실패한
삶입니다. 젊음을 고난 속에 살고 가난과 눈물을 벗삼아 살았다 해도
영광스러운 노년을 살았다면 승리자라 할 수 있습니다.

다윗은 고난이 많았으나 최후까지 승리자가 되었습니다. 솔로몬은 영광이
많았으나 최후의 실패자가 되고 말았습니다.

최후의 승리자가 되세요.

내가 선한 싸움을 싸우고 나의 달려갈 길을 마치고 믿음을 지켰으니
(딤후 4 : 7)

내년이 기대 됩니다

잘 달려 오셨습니다. 또 하나의 봉우리를 넘으셨습니다. 우리에게는 수십
개의 봉우리가 있습니다. 어떤 사람은 불행히도 하나의 봉우리도 넘지
못하고 가는 슬픔도 있습니다. 어떤 이는 10여개의 봉우리에서 가는가 하면
꽃다운 20개의 봉우리에서 떨어지는 아픔도 있습니다.

몇 개째의 봉우리를 넘으셨습니까? 하나님의 은혜입니다.

하나님의 사람 모세는 인생의 봉우리가 70이요 강건하면 80이라고
노래했습니다. 인생의 봉우리는 혼자 넘을 수 없습니다. 하나님의 은혜로
넘습니다. 나는 몇 개째의 봉우리에서 미끄러질지 모릅니다. 그러기에
언제나 하나님의 손을 굳게 잡고 가야 합니다.

내년을 기대하세요. 다음 봉우리의 정상에 높이 서서 크게 영광 돌리는
새해가 되기를 바랍니다. 모든 영광을 하나님께 돌립니다.

부족하고 글 같지도 않은 글을 인내로 끝까지 읽어주신 분께 감사의 인사를
올립니다.

"새해에 시온의 대로가 활짝 열리소서!" 아멘.

> 하나님이여 내가 늙어 백수가 될 때에도 나를 버리지 마시며 내가 주의 힘을 후대에
> 전하고 주의 능을 장래 모든 사람에게 전하기까지 나를 버리지 마소서 (시 71 : 18)

생활영성이란?
모든 삶의 영역 속에서 하나님의 음성을 들을 수 있는 자세를 말한다!

1. 하나님은 깨진 자를 사용하신다

감동의 눈물과 웃음이 담긴 책!

하나님께서는 가장 어리석은 것까지 우리에게 쓸모가 있는 것으로 변화시키신다는 것을 보여주고, 그분의 영광을 위하여 우리를, 우리의 미약한 힘을, 심지어는 우리의 잘못까지도 사용하신다는 불변의 진리를 감동의 눈물과 웃음을 통하여 모든 독자에게 알게 하는 것이다.

팻시 클레몬트 지음/전민식 옮김/신국변형판/값 6,000원

2. 끝없는 사랑 경험하기

하나님 사랑의 살아있는 증거들!

하나님께서는 당신을 믿으신다. 그러므로 당신이 처한 상황에서도 소망은 끊어질 수 없다! 하나님께서는 당신과 동행하신다. 그러므로 당신은 결코 외롭지 않다! 하나님께서는 당신 편이시다. 그러므로 당신은 결코 지지 않는다.

팻시 클레몬트외 5인 지음/박가영 옮김/신국변형판/값 6,000원

3. 아낌없는 사랑 경험하기

당신을 향한 사랑의 본질!

가장 좋은 것을 당신에게 아낌없이 내놓으신다. 또한 엉뚱하고도 믿기 어려운 놀라운 방법으로 그 사랑의 본질을 증거하신다. 그리고 가장 좋은 결과를 이끄신다. 당신은 사랑받기 위해 태어난 사람임을 결코 잊지 않도록 본서는 강력히 요청한다.

팻시 클레몬트외 5인 지음/박가영 옮김/신국변형판/값 6,000원

비전북 출판사는 오직 믿음으로만 살았던 개혁 신앙을 계승 발전시키고
다시 오실 주님의 길을 예비하는 마음으로 21세기에도 역동적인 신앙을 세우는데
꿈과 비전을 품고 예배와 삶의 일치를 이루는 출판 공동체입니다.

입술의 열매 1

저자 : 꿈이 많은 사람
발행처 : **비전북출판사**
전화 : (02)966-3090 / 팩스 : (02)3293-6620
공급처 : **비전북**
전화 : (031)907-3927 / 팩스 : (080)403-1004

값 6,500원

예배와 삶의 일치